LA OLA DEL VIENTO

Guillermo Lillo Calvo

Guillermo Lillo Calvo

la ola
del viento

Reflexiones sobre la cotidianidad

bubok
EDITORIAL

© Guillermo Lillo Calvo
© La ola del viento

Enero 2024

ISBN papel: 978-84-685-7989-4
ISBN PDF: 978-84-685-7988-7

Editado por Bubok Publishing S.L.
equipo@bubok.com
Tel: 912904490
Paseo de las Delicias, 23
28045 Madrid

Índice

Prólogo I

Este libro es el conjunto de reflexiones y vivencias de un niño al que no le gustaba leer, un joven que descubrió la magia de la lectura y un adulto que disfruta con el encanto de los libros, que se ha dejado acompañar por ellos en sus múltiples viajes y que finalmente ha vislumbrado la maravillosa posibilidad de plasmar en papel sus sentimientos... Una persona profunda, inquieta, luchadora; amante de la familia, esforzado trabajador e incansable deportista.

Descubramos qué pasa por su mente y hagamos nuestras sus reflexiones, porque ¿quién no ha sentido miedo, duda, impotencia, orgullo por el descubrimiento de los hijos o respeto por el legado de nuestros padres? ¿Quién no ha encontrado en su vida personas o situaciones que han conformado su ser actual?

En estas páginas encontrarás situaciones y emociones cotidianas que el ciudadano de a pie no siempre se atreve a comentar con el vecino. Ahora, Guillermo, con un lenguaje sencillo, fácil de entender, se atreve a ponerlas a nuestra disposición para que, desde su visión, encontremos la nuestra en particular.

Ana Lillo

Prólogo II

Queridos lectores, por favor, perdonen que empiece estas líneas hablando de mí; espero que al final de las mismas entiendan el porqué.

Durante muchos años he luchado por encontrar sentido a la vida. Cada día era una pelea por llenar las veinticuatro horas siguientes de hechos que me ayudasen a satisfacer mi ambición. Eran años donde sucedieron muchas cosas, la mayor parte de ellas buenas, pero casi ninguna de ellas conseguía colmar mi expectativa. En esos azares de la vida, apareció en mi vida una persona que ya desde el primer momento me llamó la atención poderosamente. Enseguida percibí su fuerza y su energía, de la que te empapas desde el primer contacto visual, y durante nuestra primera etapa como compañeros de trabajo comprobé su creatividad para resolver situaciones difíciles.

Sin ninguna duda, lo mejor vino después, cuando la relación profesional dejó paso a una relación personal que casi veinte años después se mantiene tan fresca y saludable como el primer día. Ahí es cuando empecé a darme cuenta de lo que caracteriza a Guillermo por encima de todo: SUS VALORES DE VIDA. La honestidad, la integridad, la coherencia, la justicia y la templanza son intrínsecas a su persona y le acompañan en cada una de sus acciones y decisiones.

Durante estos años he podido compartir toda clase de vivencias con una persona especial, de esas que convierten lo cotidiano en excepcional. Decía Aristóteles que somos lo que hacemos día a día, por lo que la excelencia no es un acto, sino un hábito. En el caso de Guillermo, no es solo un hábito, es parte de su esencia, de su identidad y de su forma de entender las relaciones humanas. Con esta forma de entender el mundo, él ha sido uno de los principales causantes de que ahora mi vida tenga sentido, de que haya encontrado el balance y pueda vivir en paz. No es porque haya hecho muchas cosas para mejorar mi vida, sino porque su forma de actuar y su ejemplo te invitaba a la reflexión constantemente y, finalmente, provocaba un cambio a mejor.

Guillermo es dueño de un tesoro incalculable en forma de valores de vida. Por eso, era casi obligado que todo aquello que forma parte del entorno que le rodea, tanto los pequeños gestos como las grandes vivencias, quedasen por escrito, de forma que podamos impregnarnos de ellas una y otra vez a través de su lectura.

Para obtener el mayor de los fuegos basta provocar la menor de las chispas, y por eso el formato elegido es a través de relatos cortos; una colección de diferentes situaciones de la vida analizadas por el autor desde la perspectiva más humana y que nos permitirá afrontar de una forma más plena situaciones similares a las que relata.

Sentir es vivir, y lo que ustedes tienen entre las manos proviene desde lo más profundo del corazón. Cada uno de los relatos que van a leer contiene una dosis de sentimiento basada en vivencias y experiencias reales. Esta combinación de sentimiento y experiencia es lo que hace a este libro absolutamente diferencial.

Vivir implica actuar; existir es solo estar. Este libro es una llamada a VIVIR, con mayúsculas. Disfruten de cada una de las vivencias que contiene, trasladen esas vivencias a su vida personal y conviértanlas en experiencias reales. Su vida seguramente no será más larga, pero sí más ancha y más plena.

Alberto Lucendo

Prólogo III

No hay mejor manera de expresar cómo se siente uno en momentos donde, aunque tengas todo el apoyo de tus seres queridos, familiares y amigos, necesitas calmar tu ansiedad o reflejar tus emociones tanto tristes como alegres.

De esos momentos se alimenta este libro de reflexiones internas que necesitan ver la luz, compartiéndolas con todo aquel que se sienta identificado con ellas, que seguro que somos la mayoría de nosotros. Si encima las escribe una persona como Guillermo, intenso en todo, tanto en lo bueno como en lo malo, que siempre que lo necesitas está ahí, inteligente, que disfruta cada momento, muy amigo de sus amigos (entre los que tengo la suerte de encontrarme), un poco "pollito" a veces y, sobre todo, buena persona, está claro que es una obra que sale desde el corazón de alguien muy especial y somos afortunados de poder leerla.

GRACIAS,
Encarnita Glez Berlanga

Capítulo 0: La botadura

Un día pensé que podía volar.

El crecimiento personal de cada uno no sabemos muchas veces por dónde nos va a venir. Muchas veces no es buscado ni meditado, sino que aparece y nos ayuda a canalizar algo en un momento de nuestra vida, y lo que está claro es que lo más sano es dejarlo fluir.

Eso es lo que me ha pasado con este conjunto de reflexiones que tienen en sus manos. Nunca me habría imaginado que estaría poniendo en papel cosas que han pasado por mi cabeza, ni por asomo, y menos que las plasmaría en un libro. Pero un día, uno comienza y se da cuenta de que algo ocurre, algo se mueve, y si algo tiene movimiento es que nos llevará a otro lugar, y ese lugar, por desconocido que sea, siempre nos hará crecer.

Y lo que ocurre es que nos miramos en el interior, no solo por las situaciones que nos pasan, sino por las que vemos pasar a nuestro alrededor; cosas que nos hacen un clic de alguna forma, situaciones que vivimos como espectadores o como actores, pero lo que está claro es que al estar en la escena las sentimos. Muchas veces son percepciones, no son vivencias reales que se hayan producido, pero sí que, de alguna forma, nos han llegado, y eso nos hace verlas en primera persona. Como un día leí, «las percepciones crean nuestra realidad», pero muchas veces esa realidad no es otra cosa que nuestra imaginación desarrollando imágenes que aún no han sucedido, pero que nosotros las hemos sentido en la piel como propias.

Lo que veréis aquí son reflexiones mías que he ido anotando en momentos concretos y que he ido plasmando en papel. Son agradecimientos, son cosas sentidas que he visto de cerca, que he visto pasar, que he sufrido yo, que han sufrido personas cercanas a mí o incluso de personas que no son cercanas, pero que las he sufrido como propias; son una mirada a lo que somos como persona y a cómo sentimos.

El recuerdo sobre algo genera una emoción, y esa emoción es producida por un sentimiento que nos ha removido el interior, y la única forma de hacerlos perdurar en el tiempo es dejarlos escritos. De esta forma, cuando los leamos, invocaremos un recuerdo, y este nos hará sentir una emoción que nos hará viajar a un sentimiento que hemos experimentado.

Os doy las gracias por ser partícipes de este recuerdo de alguna forma; tan solo con el hecho de estar leyendo estas líneas y de tener la intención de navegar por esta ola que se levanta con la brisa de la mañana, me estáis regalando una foto que perdura en mi retina como una emoción imborrable.

Y ahora, identificad a vuestro contramaestre, divisad el faro, cambiad de paso, cuidad el reposo, detectad la mentira, adivinad el final, soportad el dolor, luchad la soledad, agradeced lo amado, regad lo sembrado, alimentad a las mariposas, mirad a los ojos, luchad por lo importante, librad los pecados, detectad el sitio, huid de los chulos… y sobre todo identificad lo importante para no ser «idiotas».

¡¡Ah!! Y no os olvidéis de que no soy un escritor, soy un hombre que un día escribió, por lo que os pido perdón por los errores que seguro veréis, y si estas líneas no os remueven pensad que solo ha sido un desvarío de un hombre de a pie.

Guillermo

El contramaestre

**A las personas que siempre
están ahí para hacer equipo.
Han estado desde hace
años y siempre estarán para
gobernar nuestros galeones.**

Somos navegantes de la vida. Siempre estamos en la duda constante sobre qué hacer, qué decir e incluso qué pensar. Muchas veces, incluso siendo capitán del barco, nos ponemos barreras en situaciones que no tienen sentido y necesitamos de alguien que nos dé toques en el timón para tomar el rumbo adecuado.

Vivimos dentro de un modelo familiar que nos apoya y contribuye a nuestro desarrollo como personas; son fundamentales para encontrar el rumbo. Pero, al surcar las aguas agitadas de la vida, aparecen contramaestres con una perspectiva diferente que nos ayudan para que el galeón que lideramos sea más ágil y flexible en alta mar. Estos marineros suelen estar en la sombra, pero tienen grandes dotes para administrar y ser justos con nuestros comportamientos; son grandes intendentes para nuestra vida.

El contramaestre no es otro que el amigo «de verdad»: ese que perdurará toda la vida, que no es partidista en su apoyo, que no busca intereses ocultos, que no nos ofrece adulación fácil, que no nos lapida cuando cometemos un error, que nos dice que vamos por mal camino cuando no lo vemos, que nos dice cosas que no queremos escuchar, pero que son fundamentales para no llevar al galeón a los arrecifes. Es ese que siempre está presente ante los problemas; que nos presta lo que no tiene para que podamos salir de una situación, que... ¡tantas acciones lleva a cabo el contramaestre que no podríamos liderar el galeón de nuestra vida sin él!

Cuando el mar viene picado, siempre miramos a nuestro contramaestre para que nos ayude a liderar el barco, a ser justos con nosotros mismos y con los demás, a tomar el rumbo correcto o incluso a fondear cuando sea necesario. Con ellos nunca tenemos que temer nada; sabemos que siempre nos aconsejarán de la mejor manera en nuestra «travesía vital».

Este marinero suele ser muy generoso con la tripulación, y sobre todo con el capitán. Es capaz de ceder su ración de comida o incluso su botín de guerra para mantener el buen clima durante la travesía, para que el galeón surque las aguas con la fluidez que se requiere y poner tierra de por medio a los corsarios que nos persiguen y acechan a fin de absorber nuestra energía. Los contramaestres son gente que demuestran un especial cariño por el capitán. Han estado conectados durante mucho tiempo y han surcado las aguas muchas veces juntos. Sin embargo, cuando cada uno lleva su camino, no pasa nada. Cuando se encuentran en el muelle de la vida, siempre tienen la sensación de que acaban de atracar juntos el gran galeón y han estado meses navegando juntos.

Si en algún momento de la vida, ese capitán tiene que emprender un viaje para cruzar el Atlántico, ante la previsión de tormentas, nunca duda en llamar al mejor contramaestre: su amigo. Es más, lo necesita; sin él, no podría acometer la situación que tiene ni las que tendrá que liderar en la travesía. Este amigo no lleva un parche pirata, ni una pata de palo, ni un sombrero ondulado, ni trabuco y espada para defenderse. No le hacen falta. Es una persona corriente, de esas que descubrimos una vez en la vida y que debemos conservar como conservamos a nuestras familias. Ese contramaestre no es otro que un amigo de verdad.

Cuando llegamos al puerto, siempre está en la sombra; no quiere focos ni reconocimientos porque él no lo hace por interés, sino únicamente por cariño, amor y conexión con su amigo: el capitán de ese barco.

Pero, en ciertas ocasiones, ese capitán se convierte también en contramaestre de su compañero de travesías y ofrece sus servicios de intendente sin ningún pudor ni dolor. La generosidad e integridad entre estos dos marineros son la clave del éxito de todo viaje. Son amigos de verdad, son marineros de un galeón, son capitanes y contramaestres de sus vidas, y escogen estar siempre el uno para el otro.

En algún momento, todos hemos tenido que llamar a nuestro contramaestre. Nadie está exento de solicitar ayuda y apoyo en una persona que nos guíe y nos dé toques en el «timón» para que el rumbo sea el correcto. Personalmente, he encontrado los contramaestres de mi viaje. Algunos los tengo muy cerca y por medio de su generosidad y consejos evitan que encalle en los arrecifes. Me ofrecen la luz del faro para encontrar el camino y me dan el consejo oportuno para seguir con mi vida, asegurando lo que más quiero. A veces, esto va en contra de sus propios ideales, pero son capaces de reprimirlos si es lo mejor para mí .

Los contramaestres de mi vida siempre cambian las velas de mi galeón, que no prenden viento, por el potente motor de un fueraborda que me hace salir del oleaje. Gracias por poner ese motor a mi vida para salir adelante, por esa generosidad sin límites, por escuchar y apoyar lo que más quiero, por adaptarte a mis egoístas demandas. En definitiva, gracias por estar ahí. Eres el contramaestre de mi viaje y yo quiero ser el contramaestre del tuyo, jefa.

Seamos capitanes y pidamos ayuda a nuestros contramaestres, pero no olvidemos que también somos contramaestres de otros capitanes; si no, nunca seremos marineros de la vida.

Insuperable

Todos tendríamos que ser como «el niño» que lucha por satisfacer a todos desde la paciencia y el saber estar. Admiro su capacidad para afrontar retos.

Una de las acciones más comunes que realiza el ser humano es lanzar la queja al aire, para que todo el mundo sea capaz de darse cuenta de lo que sufre, padece, lucha, etc. En definitiva, para señalar que no acepta lo que le está sucediendo.

Es cierto que aceptar las cosas que nos trae la vida es complicado. No es fácil ser capaces de aceptar lo que nos ocurre, ya que parece que todo el mundo vive feliz menos tú en ese instante, que todos disfrutan de todo menos tú. Pero esta percepción no es real; es la mentira más grande que la sociedad nos hace creer.

Todo es alegría, felicidad, satisfacción, pero cuando uno hace introspección, se da cuenta de que él no experimenta lo mismo. Al contrario, vive para sobrevivir y hacer que la vida sea un viaje por el que pasar para, en algún momento, llegar al éxtasis «blanco» de felicidad. Y en ese viaje nos sumergimos todos, dejando escapar las vivencias de la vida que implican disfrutar cada momento, pero sin quejarse.

La queja es fácil porque busca complicidad en el otro, busca sentirse escuchado e incluso compadecido, como decía William Faulkner: «Entre el dolor y la nada, prefiero el dolor». El subconsciente de las personas siempre busca el cariño y la atención, vistos como una expresión de satisfacer las necesidades básicas del ser humano. Si por alguna razón no recibimos esa atención, la buscamos a través de la queja, con la llamada que esta produce. Pero ¡qué difícil es no buscar esa atención! Quizás tenemos que descubrir en nuestro interior por qué la estamos buscando tan desesperadamente, porque está claro que el subconsciente entra en acción cuando hay algo que no funciona correctamente.

En este contexto no existen distinciones entre las personas; todas buscan lo mismo. A menudo nos encontramos con personas que deslumbran con su exitosa vida —contemplando ese «éxito» de una forma difusa porque no es fácil definirlo— y que tienen la queja y el malestar en la boca de forma constante. Sin embargo, cuando nos encontramos a alguien que la queja la tiene olvidada en el desván de su casa, nos encontramos con el gran viaje que ha desarrollado en su vida. ¡Este sí está viviendo la vida de manera que el viaje en sí es una vida, no simplemente un camino hacia un destino!

Cuando divisamos a una persona así, es como si viéramos un lago azul en medio del desierto, una luz que nos guía en medio de la oscuridad. Normalmente, suele ser gente común, que viaja sin grandes equipajes, llevando consigo solo la ilusión por disfrutar las cosas.

En ocasiones, cuando profundizamos en esa persona, nos damos cuenta de que ha sufrido mucho y ha aprendido, a través del sufrimiento, que la queja no le lleva a ningún sitio; solo al aburrimiento y al hastío de vivir. Ha visto con total claridad que esa no es la vida que desean. Esto no significa que este tipo de personas no sufran. El sufrimiento lo llevan por dentro siempre, pero han decidido tomar la decisión de ser felices disfrutando de las experiencias de la vida. Y esas experiencias pueden ser vitales o banales: desde afrontar una operación de vida o muerte hasta tomarse una cerveza en una cala en Cádiz; todo vale para hacer que el viaje de la vida sea una vida por vivir.

Estas personas son insuperables, son campeonas del mundo en vivir, y lo que tenemos que hacer es seguir su ejemplo, acercarnos a ellas para respirar su brisa y que lleven la queja al fondo de nuestro desván.

Un pádel que cambia el turno

Lo que renace de uno mismo para mejorar lo existente, aunque llegue sin avisar, siempre enriquece la vida. Gracias, «ratón», por enseñarme que la vida continúa bajo tu mando.

¡Qué difícil es cambiar! Como decía Mario Benedetti: «Cuando creíamos que teníamos todas las respuestas, de pronto, cambiaron todas las preguntas». ¡Qué gran verdad es esta! Este es el motivo por el que el cambio nos hace tan vulnerables.

A menudo, creemos que lo sabemos todo, pero no es así; solo conocemos las respuestas a unas preguntas aprendidas, y cuando nos cambian esas preguntas, experimentamos un conflicto interno. Ese conflicto es el que nos lleva a un mar de lágrimas, de situación límite que no somos capaces de digerir. Incluso cuando la digerimos, no lo hacemos con buena predisposición y entramos en un conflicto, no solo interno, como indicábamos, sino con todo lo que nos rodea.

Somos vientos que pasan por la vida, soplamos en un mundo cambiante y, muchas veces, silbamos por los rincones de nuestro corazón. Nacemos para que ese viento surque los mares y las ciudades y para ver crecer otros vientos que nacen de nuestro corazón. Estos «vientos» son nuestros hijos, los que empiezan a soplar con fuerza y crean su personalidad. En muchas ocasiones, pueden ser parecidas a las nuestras o no, pero ahí radica nuestra impronta como personas: no somos de nadie, solo de nosotros mismos.

Cuando percibimos que los hijos marcan su camino y que nuestros pensamientos pueden estar equivocados, nos damos cuenta de que hemos creado una brisa fresca que nos alimenta el alma. Es el momento del «cambio de turno», del renacer de la nueva vida, y tenemos que verlo como un premio para nuestro corazón. Muy a menudo, no somos capaces de digerir ese cambio, pero este es un buen cambio que nos lleva a una nueva dimensión.

Hace poco percibí esa brisa en mi corazón, en mi orgullo como padre. Vi cómo mi hijo soplaba con fuerza e ilusión, y tuve que aclimatarme a esa corriente porque es la corriente que nos renueva. En ese momento, nos damos cuenta de que la vida es un viento que pasa y debemos permitir que refresque todo lo que nos rodea, que denote ilusión en los corazones de la gente y que conserve la esencia de los diferentes corazones que crecen en el seno de una nueva persona. Pero no pensemos que la nueva brisa solo sopla en los momentos más críticos de la vida. La brisa se abraza en cada momento: en una comida, una conversación, un partido de pádel... y en las pequeñas cosas que hacen que sumemos vida.

Veamos este «cambio de turno» como algo grandioso, enorme, que no es más que el *leitmotiv* de la vida.

Abracemos esa nueva brisa con el corazón abierto, porque es la brisa que se quedará en nuestra alma toda la vida.

El cambio de faro

Los padres son la luz que marca nuestro camino, pero al final seremos nosotros los que marcaremos su destino.

Nuestra personalidad nunca deja de evolucionar, por mucho que nos digan. Al menos, debemos esforzarnos para que nunca deje de mejorar y matizar la base que se formó en la juventud. Esa base tiene un fundamento en el fondo de cada persona. Cada uno nace con uno, pero la familia, sobre todo los progenitores, desempeñan un papel fundamental en su formación. Los padres son el reflejo de cada persona, en el que nos miramos y con el que nos medimos. Nos miramos en el sentido de copiar y asimilar las costumbres de cada uno, que se nos van forjando dentro del subconsciente y, un día, emergen sin que nos demos cuenta. Y nos medimos porque el ser humano es retador desde siempre; por eso vienen las dificultades en la educación de los niños.

Nuestros padres son, para todos nosotros, esos seres sobrenaturales que siempre están ahí y nos ayudan en todo lo que nos suceda; son un faro en la noche oscura para que cada barco en el que nos subamos llegue a buen puerto. Pero, según desarrollamos nuestra vida, vamos distanciándonos de ellos. Parece un paso natural, pero más que natural, es vital; sin ese paso, no seríamos capaces de ser independientes.

Cada uno de nosotros emprende un viaje en la mar, pero siempre miramos hacia el faro, donde está nuestra esencia para encontrar el camino correcto, ya sea una decisión o un puerto donde fondear cuando enfrentamos problemas. Ese faro ilumina mucho más de lo que nos imaginamos. Siempre está encendido; no entiende de cansancio ni de nada más que dar luz al amor de sus hijos. Sin lugar a dudas, es el amor verdadero; no existe otro amor que ese que nace de las entrañas de quien ve crecer con ilusión a una parte de su vida.

Un día nos damos cuenta de que la luz del faro es más tenue de lo normal; la vida hace que el faro sufra por la tozuda mar, las corrientes de viento y las lluvias que surcan los corazones de todos nosotros. Y cada barco guiado por ese faro pierde el norte de su vida; pero no es porque el faro no ilumine bien, sino porque era muy fácil dar por sentado que siempre estaría ahí.

Ahora nos toca a nosotros iluminar; no solo ser el faro de nuestros hijos, sino también el de nuestros padres. Este último aspecto es el más complicado de todos. Tenemos que ser capaces de hacerles ver, desde el amor, que algo ha ocurrido, que un cambio de ciclo se ha producido en el ritmo de la vida. Esto no quiere decir que sea malo; al revés, es maravilloso. La sabiduría del viejo faro se hace aún más grande. Aunque pierda esa luz que alumbraba los barcos más lejanos, ahora tiene la capacidad de iluminar y guiar lo más oscuro de nuestros corazones.

¿Nunca has sentido cómo una madre o un padre son capaces de leerte con solo mirarte o escucharte por teléfono? Ya no te podrán guiar en la vida laboral más allá de darte un consejo, pero te pueden guiar para conseguir la paz de tu espíritu y darte calor para sentirte escuchado. Sin embargo, esto no es fácil para el viejo faro; tiene que ser capaz de aceptar que existen otros faros que marcarán el camino de los nuevos barcos y el camino de los viejos barcos que todavía navegan. Es un cambio que hace que se fusionen dos generaciones, haciendo que la especie humana perdure en el tiempo.

Dejemos que el viejo faro guíe siempre nuestras vidas y que nuestro faro guíe sus últimos viajes.

Almas gemelas

Somos almas que navegan por el mundo encontrando los reflejos de nuestros corazones en los de otras personas.

¿Nunca te has preguntado por qué con determinadas personas tienes una conexión desde el primer día? No tiene una explicación clara; es más, no somos capaces de encontrar similitudes en el carácter. Somos personas diferentes, pero con almas afines.

Una de las cosas que más he disfrutado en mi vida profesional es viajar. Esto no quiere decir que no sufriera, porque lo he sentido como si estuviera perdiendo horas, minutos y segundos del reloj de mi vida; no solo míos, sino también los más importantes, que son los de mi familia. No obstante, es justo reconocer que el camino recorrido me ha merecido la pena. En esos viajes es donde encontré mis almas gemelas, personas que conectaron conmigo desde el primer minuto y que todavía siguen a mi lado, incluso a 10.000 kilómetros de distancia.

El universo nos brinda oportunidades para vivir en sitios que uno no esperaría. Ese lugar no es otro que Guatemala, todo un país por descubrir para mí, en todos sus sentidos: laboral, cultural y económico; aunque también es un lugar para enamorarse de muchas otras cosas a las que uno no presta atención cuando vive deprisa: la luz del sol, el azul del cielo, el verde de la vegetación, el sabor de la gastronomía, el color de las ropas… En definitiva, la esencia de su vida y de su gente.

He pasado muchos días allí, primero en soledad recibiendo esa energía que emana de su tierra, y luego creando amistades, tanto laborales como personales. Pero las que han dejado huella en mi corazón han sido las personales.

Algunas de esas amistades son las que han creado «vasos comunicantes» entre distintas almas que difícilmente se van a separar con el paso de la vida o por la distancia. Son conexiones que llegan a algo mucho más allá de lo que podemos ver con nuestros ojos; son enlaces de energía que hacen brillar a cada uno por separado. Estas almas guatemaltecas son capaces de sentir lo que yo siento en cada momento. A veces, he tenido que mirar a los lados para ver si estaban cerca porque la energía que sentía correr por mi cuerpo era tan intensa que no podía pensar que estaban lejos. Son almas que inundan, que alegran los días grises, que sonríen en los días brillantes y que acompañan en los días negros. Todos los colores por los que una persona puede pasar los sienten desde la distancia, los hacen suyos y dan, incluso, lo que no tienen en ese momento para proporcionarnos ese empujón que necesitamos.

He pasado por un momento difícil con un proceso personal duro de superar, el cual me hizo perder la perspectiva de la vida y las ilusiones, y he recibido una energía extra para superarlo con la ayuda de estas almas gemelas: las palabras justas en cada momento, el soporte adecuado y preciso y la sensación de tener un *alter ego* cruzando el «charco» que vive conmigo y me impulsa a superarme cada día.

¡Qué grande eres, Massiel!, ¡qué grande eres, Pablo!, ¡qué grande eres, Fabi!, ¡qué grande eres, JuanPi! Qué agradecido estoy por tener esta oportunidad de conectarme con otras personas que, aunque a simple vista no tienen mucho en común conmigo, poseen lo más importante: alma y corazón.

Aprendiendo a perder

Los más pequeños nos enseñan cosas que no somos capaces de ver con el paso de los años. Gracias por devolvernos a la realidad de los niños que fuimos, somos y seremos.

Me vas a perdonar, pero he querido utilizar el título del libro de mi querido profesor del IESE, Santiago Álvarez de Mon, para describir lo acontecido un sábado y, más que nada, porque en él radica el sentimiento vivido. Sinceramente, esta frase refleja mucho más de lo que incluso nosotros mismos podemos discernir.

Durante un fin de semana, tuve el placer de disfrutar de lo dulce que es el aprendizaje, incluso perdiendo. Te cuento. Un domingo mi hijo tuvo un maratón de futbol dentro del club donde estuvo jugando , el Nuevo Boadilla, que alberga a más de 650 chavales en una labor enorme para el desarrollo del carácter de nuestra futura generación. El campeonato incluía a los «chupetines», chavales comprendidos entre cinco y seis años. ¡Un lujo! ¡No hay nada más bonito que presenciar la competición en su estado más puro!

El día empezó muy pero que muy temprano para ser un domingo; ¡a eso de las 8:00 sonaba el amado móvil! (Ya sabes, esta era nos ha hecho olvidar la palabra «despertador»). Teníamos que estar en los campos a las 9:30 y, dado que tenemos una pereza considerable, mi mujer y yo preferimos ponernos en marcha temprano. El tema de los peques suele ser siempre más complicado; la inocencia presente en los niños les hace dormir a pierna suelta y hay batalla para levantarse. ¿Por qué la perderemos con los años? La inocencia, claro. Es una cosa a la que no me acabo de acostumbrar. Qué cosas somos capaces de desaprender con los años... ¡Involución total! Bueno, pues en esta ocasión, la cosa fue fluida: levantar la persiana y un poco de música, como casi todos los días, y el tema estaba encaminado, ¡estábamos en acción! Parecía como si sintieran el desafío al que se tenían que enfrentar.

(Por cierto, debo mencionar que, aunque tengo dos hijos, solo el varón postula a afanado astro del balompié. La princesa es el núcleo reflexivo de la familia, siempre está para poner el sentido práctico a todo lo que hacemos, y ahí está animando a su hermano y dándole fuerzas; en estos temas siempre tiene una marcha más que los demás).

Desayuno rápido, mochila para el avituallamiento, botas de futbol, ropa, peinado «a lo Cristiano» —como dice mi hijo— y ya estábamos dispuestos.

La verdad es que la notoriedad que tiene este deporte, por más que queramos mermar, es enorme; y lo de este chico, tremendo. Cierto es que no es el mejor ejemplo para la educación de un chaval, pero aquí estamos nosotros para sacar partido de las cosas buenas que tiene este chico:

entrega y focalización en sus entrenamientos. Otra cosa es la humildad y la generosidad hacia los demás, que no las tiene o no las enseña.

El Día del Padre, mis hijos me regalaron el libro mencionado anteriormente, *Aprendiendo a perder*; previa indicación de sus progenitores, claro. De él he sacado personalmente mucho provecho, no solo para mi desarrollo personal, sino también para la educación de mis hijos. Imagínate que para ellos eso de «aprender a perder» no es fácil de asimilar, por lo que he tenido que matizar, explicar e incluso enfatizar en muchas ocasiones. Creo que con esto ya valía, pero te cuento.

Finalmente arrancamos, salimos del garaje y en el coche camino hacia los campos es donde empezó la labor de «mentalización». Aunque sean pequeños, el tema es ir calando poco a poco. Hace tiempo aprendí que las cosas no ocurren porque sí, sino que existe una conexión inconsciente en todo lo que hacemos debido al aprendizaje que hemos tenido. Entonces, es lo que intentamos hacer: marcarles determinados patrones de comportamiento que guarden en su «disco duro».

La charla comenzó con una frase que intento repetir con frecuencia: «Hay que dar nuestro mejor esfuerzo en todo lo que hacemos». Si te soy sincero, la he repetido tantas veces que un día mi hijo, después de un partidillo en un entrenamiento, me dijo: «Papi, he dado todo lo que tenía». ¡Brutal!

Un día escuché que en la vida se consiguen las cosas por tres vías: por ser una persona extremadamente inteligente, por tener una enorme memoria o por poseer una fuerza de voluntad tan grande que te asegura cualquiera de las cualidades que tiene el ser humano, que son muchas. Las dos primeras se las podemos dejar a la madre naturaleza, pero la última es una decisión nuestra por luchar. Pues eso, la conversación transcurría en ese sentido y en el de divertirse sin pensar en ganar o perder… y en eso el renacuajo va y nos planta: «Papá, tenemos que aprender a perder, como en tu libro…». ¡Toma enseñanza! Mi mujer y yo nos miramos y dijimos: «Ya nos podemos volver». Pero decidimos continuar, lógicamente.

Ya en el recinto, la amalgama de camisetas azules con la raya amarilla inundaba los campos y la música sonaba en un campo colindante donde ya había empezado la fiesta. El sol brillaba en lo alto, pero nos daba algo de tregua. El espectáculo era ilusionante para todos, ¡y, sobre todo, alegre! Se podía sentir a todos los peques que jugaban a sentirse famosos. Los padres estábamos más nerviosos que los propios niños; percibíamos la impotencia de ver en acción de forma autónoma a nuestros genes.

(Aquí recuerdo unos versos de un poeta libanés, Khalil Gibran, que leí en el libro de Santiago.

Tus hijos no son tus hijos,
son hijos e hijas de la vida
deseosa de sí misma.

No vienen de ti, sino a través de ti
y, aunque estén contigo,
no te pertenecen…

No nos pertenecen; cada uno de ellos es un individuo, y en estas ocasiones, aunque sean pequeños, es cuando empezamos a observar las cosas desde una perspectiva más amplia y nos damos cuenta de que ellos mismos pintan su camino).

¡Qué entrega!, ¡qué lucha!, ¡qué ilusión transmitían! Recuerdo cómo el portero del equipo de mi hijo explicaba a sus compañeros por dónde había entrado la bola. La verdad es que tengo esa imagen en la retina y fue preciosa, por la espontaneidad y transparencia. Bueno, también te digo que teníamos que ir corrigiendo algunas pinceladas de frustración de los peques entre ellos, cosa totalmente normal, pero está claro que debemos corregir, explicar y reprochar.

Los primeros partidos los pasamos victoriosos. Fue un baño de vanidad sobre todo para los padres, pero los peques se sentían importantes. El campeonato estaba muy bien organizado y no les daba tiempo a los perdedores a lamer sus heridas porque tenían otro partido en breve. Además, la homogeneidad de los equipos hacía que el balance final fuese positivo para todos. Con esta situación, llegamos al ansiado cruce de semifinales. Nos enfrentábamos al equipo que hasta ese momento había demostrado que era el más fuerte (tienen tres chavales que prometen). Ya incluso hablábamos en primera persona del plural, «¡¡nos enfrentábamos!!», porque aunque nosotros no jugábamos físicamente, sí lo hacíamos con nuestras ilusiones y emociones. No te digo más que esa noche yo estaba agotado.

Tras tres partidos manteniendo el tipo, me lancé al campo. Con mochila en mano entré en el campo de batalla; el ambiente era muy distendido y lo propiciaba. Me senté con el equipo en el medio del campo a la espera del siguiente partido, saqué el avituallamiento y empecé a conversar con ellos. No te puedes imaginar… ¡ellos no pensaban en el siguiente partido! Solo pensaban en el presente, comentaban los goles metidos, comían fruta, se ofrecían entre ellos… Fue un momento muy emocionante para mí. Sí, estaba mi hijo, pero el sentimiento era que todos eran parte de mí.

Sentí una gran necesidad de suplantar al entrenador, que tuve que refrenar con todo el dolor de mi corazón.

Había llegado el momento de sacar lo mejor de ellos (es una forma de hablar, porque ellos lo estaban sacando desde el primer momento en que llegaron a los campos, a eso de las 9:30). Ahora, a las 13:00, jugaban por un pase a la final. Sin entrar en detalles, aguantaron prácticamente la primera parte con 2-1 en contra y un par de tiros al palo por nuestro lado, pero al final perdieron por 5-1. Ya desde el 3-1 empecé a percibir desde la banda que los pequeños no dejan de sentir como nosotros. Vieron su sueño derrumbarse como un castillo de arena que es difuminado por una ola. Ellos habían hecho todo lo posible, pero el agua se llevaba sus ilusiones.

La cosa pintaba mal para la final de consolación que tenían que jugar a continuación. Y, como no podía ser de otra forma, los chavales, aunque de cinco años, tenían algo tocada su moral y salieron bajos de ilusión, por mucho que intentáramos animarlos. Sabían que no habían llegado a la final y que esto era un segundo plato, cosa errónea que también debemos trabajar.

Al final del partido vi a chavalillos llorando como hombres por no ganar. Todavía recuerdo ver a Álex, delantero vivo y tenaz, llorar con una cara de enfado que ningún castigo es capaz de conseguir, o Marcos, enorme todoterreno que tiene una calidad que apunta maneras, llorar con una sensación de impotencia que te llega dentro. A todos se les veía tristes y apagados. Creo que se les mezclaban la tristeza, lógica por no ganar, y el cansancio. Estaban agotados, ¡cinco partidos en un plazo de cuatro horas en un campo de futbol 7! Era mucho para micos de más o menos un metro... ¡pero mucho, mucho!

No creas que me olvido, ¿cómo se lo había tomado el renacuajo que venía conmigo en el coche por la mañana? Sí, sí, ese que casi era el más pequeño de todo el maratón, ¡¡una pildorilla!! ¿Había perdido? ¿Cómo lo había encajado? ¿Habría puesto en acción lo comentado por la mañana? Te cuento, te cuento.

Durante el último partido le vi muy muy cansado. Es más, hizo algunas entradas que, como es un niño, la entrega no se la podemos negar, pero quizás debemos medir y trabajar el grado de vitalidad que emplea en ellas. Pues ahí venía, con sus amigos Marcos y Álex, pasando el brazo por el hombro de Marcos en señal de consolación y con cara de pocos amigos; se sentía empático con sus compañeros y algo enfadado porque los contrincantes se tiraban —palabras textuales de los peques— «como los del Barcelona», (cosas de niños y la tele, que es muy mala). Pero bueno, hasta ahí las cosas eran controlables. No está mal que perciban ese sentimiento cuando no consiguen algo que quieren, incluso les viene bien. Si te soy sincero, no soltó ni una lagrimita. Es cierto que en la entrega de trofeos no era el más feliz de la fiesta, pero una vez recogidas las cosas, el drama había pasado y todo estaba en una tranquilidad absoluta.

Creo que fue la derrota más dulce que he sufrido. Sí, sí, porque los cinco partidos los jugué yo también, pero con el alma. Y digo «dulce» porque el mensaje que se han llevado estos chavales es que no pasa nada con perder; bueno, no ganar. Incluso, nos hace más fuertes siempre y cuando pongamos entrega e ilusión en todo lo que hagamos. Los niños son capaces de sacar más conclusiones de las que nosotros mismos vemos, y estos renacuajos se han llevado una cosa clara: ¡No se puede conseguir todo lo que uno quiere! Ellos querían ganar, claro que sí, pero perder les hace saber que lo importante es luchar y poner toda nuestra fuerza de voluntad para ganar nuestra batalla interna, que no es otra que el egoísmo y la pereza.

Creo que, ese día, todos aprendimos a perder un poquito…

Cambiando mi vida

En la vida nos encontramos con personas que hacen que recorramos caminos insospechados y solo podemos darles las gracias por existir.

No quería pasar el día sin que tuvieras un regalo por nuestro aniversario, lo que pasa es que, dada la situación, este año he pensado que es mejor tener un regalo que describe lo vivido.

De pronto te vi,
y pensé que nunca más
quería despertar, lejos de ti.

Supe que, por ti, iba a robar el cielo al mar.

De pronto te vi
y tú me miraste a mí.
Cambiaste mi vida.
Justo ahí, porque te vi.

Lo que uno siente se puede explicar de muchas formas, pero quizás la más gráfica en estos momentos reside en los renglones de esta canción; resume las sensaciones que tuve al verte hace muchos años. El tiempo ha pasado y sigo pensando lo mismo, no solo porque cambiaste mi vida, sino porque la cambias constantemente.

La vida nos ha sonreído; hemos disfrutado de una salud enorme, tanto física como emocional. Está claro que en una relación existen momentos más difíciles que otros, pero en nuestro caso han sido tan escasos, o tal vez pesa tanto lo importante, que han pasado por la izquierda y ni nos hemos dado cuenta.

Es un lujo poder estar contando esta historia. Hace muchos años escuché que las relaciones se sustentan en tres pilares: la generosidad que hemos de tener uno con el otro (sobre todo en los pequeños quehaceres de la vida), la confianza que nos debemos otorgar (en el sentido de respaldarse en la vida y en las decisiones) y la capacidad de tener y poner en práctica un proyecto conjunto. Si ahora, pasadas algunas décadas, repasamos nuestra historia, creo que estamos trabajándonos para conseguir los tres. Estamos entregándonos para conseguirlos; tenemos la estrategia escrita en nuestros corazones para conseguirlos… y esto nos lleva a tener una relación madura. En este sentido, solo puedo darte las gracias porque has perfilado un marco de trabajo en mi corazón para no salirme del camino.

Hay veces que no me hago a la idea de los dos enanos que tenemos. Debemos dar gracias a ese Dios que tanto queremos, por las estrellas que ha puesto en el cielo de nuestra casa. La sola responsabilidad de hacerles brillar me abruma y me colapsa en los momentos oscuros, pero tenemos una responsabilidad enorme, la más importante de nuestras vidas. Lo nuestro ya está cimentado, pero lo suyo lo tenemos que construir; ayudarles a construir su alma, su carácter, dotarles de frescura, fluidez, calidez, amor… y muchas otras cosas que es difícil expresar.

Si lo analizamos, Alba y Sergio son el legado que dejará nuestra relación al mundo, y eso es lo más importante en estos momentos, es el proyecto de nuestra vida.

La verdad es que, como dice la canción, «cambiaste mi vida», la hiciste más grande y me has hecho ser mejor persona, y me gusta lo que veo y lo que siento. Muchas gracias.

De pronto te vi,
y pensé que nunca más
quería despertar, lejos de ti

El reposo del tigre

**Por mucho que corramos
y estemos alerta, siempre
necesitamos descansar ajenos
de los retos que enfrentamos.
Encontrar ese reposo es dar
tranquilidad al alma.**

Hace años escuché al gran Fred Kofman —*coach* ejecutivo— hablar sobre los distintos comportamientos que adoptamos ante las situaciones que nos presenta la vida. En ocasiones, actuamos como una oveja que no deja de balar ante ciertas situaciones, mientras que en otras somos como tigres con una mirada orientada al cambio y a mover la aguja hacia la dirección adecuada.

Actuar es un mantra en mi vida. La actitud y disposición ante todo marca el devenir de nuestros acontecimientos, tanto para bien como para mal. Sin embargo, una cosa está clara: si actuamos y damos un paso más por mejorar lo que somos, estaremos sacando al tigre que todos llevamos dentro.

No todo en la vida tiene que estar bajo dicha mirada, porque muchas veces el escenario que se nos presenta es ajeno a nosotros, pero lo que sí está en nuestras manos es cómo afrontarlo: con decisión o con vacilación. Los tigres miran al problema con ojos penetrantes, llegan hasta la profundidad de las cosas, lo que los lleva a actuar de forma constante, tomando decisiones y asumiendo retos. Muchas veces serán osados, por su instinto felino; otras demasiado agresivos, por su impulsividad; otras reaccionarán de forma excesiva. Pero en muchas más ocasiones de las que pensamos, tomarán decisiones acertadas. Sin embargo, lo que sí está claro para los que actúan, es que cuando se miran en el espejo por las noches se dicen: «hice todo lo que pude para cambiar la situación», «peleé por encontrar una solución», «actué para salir con paso firme», y eso tranquiliza al tigre que todos llevamos dentro.

No obstante, los tigres no son inmunes al dolor, al sufrimiento e incluso al propio inmovilismo. Estos aspectos forman parte de la propia vida, por lo que tienen que buscar su refugio, su lugar para descansar, para buscar el aliento y afrontar otro día, otra hora, otro minuto, ya que para ellos la vida se vive intensamente.

El reposo es el «maná» para el tigre; lo necesita, lo añora, lo desea. Sin él no puede vivir ni actuar, por eso deambula por la sabana hasta que encuentra su lugar, su estancia sagrada, esa que le da paz para poder seguir luchando.

En mi caso, encuentro ese reposo en mi mujer, la persona que es capaz de limpiar mis heridas todas las noches debido a mi intensa actividad, de poner calma a mi corazón guerrero, de arroparme para descansar, de dar sosiego a mi inquietud. En definitiva, calmar al tigre por medio del amor.

Sin ese reposo no seríamos nada, nada sería posible en el mundo porque todo tiene que completarse con algo; nada puede estar sin contraparte. El sentido de la vida es la armonía en lo que hacemos. Ya podemos ser tigre u oveja, debemos tener otra parte que nos frene o nos empuje para desarrollarnos como almas que navegan por el mundo.

En mi caso, ese reposo carga las pilas de mi alma, inunda de positividad todo lo que me rodea, buscando la mejor forma de navegar, y amansa a la fiera que un tigre como yo lleva por defecto.

Siendo tigre disfruto, doy lo mejor de mí en cada momento para hacer que las cosas se muevan; soy motriz para empujar el mundo. No sería nada sin ese reposo, sin ese lugar que me deja descansar y sosegar mi cuerpo cansado, sin temor, sin miedo. Es un lugar seguro, donde el tigre cargará energías para salir de nuevo a luchar por seguir viviendo, fiel a sus principios y a los de los suyos.

Seamos tigres para mover el mundo y estar mejor, pero tengamos un lugar y una persona en el corazón que nos brinden reposo y tranquilidad.

El descubrimiento

Abracemos los descubrimientos que nos hacen desarrollarnos como personas que luchan por conseguir sus sueños.

Fue hace tiempo cuando se cruzaron en una mirada. Fue una mirada fortuita, pero con la intención de hacer algo que saliera bien. No sabemos qué, no hace falta, pero algo se encendió, algo hizo «clic». El destino fue inquieto e hizo que esas brasas encendidas se fueran avivando con la brisa que soplaba en una vida distinta, aunque interconectada. Algo daba calor en el interior, pero no encontrábamos la fuente ni el porqué.

Como si fuéramos conocidos de otras vidas, cuando las brisas se juntaban unían los silbidos de su corazón por los recodos de los avatares de la vida, se conectaban sin ningún porqué. Las brisas se unían y soplaban en una misma dirección.

Siempre había momentos de conexión: el destino marcaba un paso que nuestros corazones no tenían establecido y siempre era hacia la misma dirección. Existía una fuerza interior que impulsaba las conexiones, hacía que se encontrasen sin darse cuenta y sin decirse nada. Ese instante paraba el tiempo. Y ese tiempo le quitó vida al destino. Sin embargo, un día hizo que ese momento provocara un encuentro recurrente por los complejos avatares de la vida, y el destino empezó a recuperar el tiempo que la vida le había robado.

Ocurrió lo que el destino tenía guardado en el fondo del mar. Esa conexión se fusionó en un mismo deseo, en una sensación de alegría y satisfacción cuando se unían. Todo tenía sentido y hacía alimentar ese calor interno que un día se encendió sin pretenderlo.

En esos instantes parece que todo recobra fuerza: se conectan los caminos, las ilusiones, los sueños, la forma de ser, y uno siente que está ante el acople perfecto que hace entrar en erupción las capacidades más profundas del ser humano, sin saber que las tenía, y eso es precioso. Sin embargo, no todos los descubrimientos, aunque se divisan desde hace más de una década, son fáciles de conseguir, y menos de conservar como propios.

La vida hace que no todo sea tan fácil como uno querría que fuese y la felicidad interior cae en una neblina que nos ciega por la mirada exterior, esa que todos quieren ver, y eso es un peso muy grande para las diminutas y delicadas espaldas del destino. Pero la mirada interior, esa que penetra en los corazones y crea un mismo canal para las personas, sigue viva y encendida. No se puede apagar porque nació para brillar, y la naturaleza no entiende de barreras.

Cuando algo nace del cruce de dos brisas que no buscaban soplar en la misma dirección, pero que al unirse crean un huracán de frescura, difícilmente pueden frenarse.

Aunque las dificultades de las cordilleras frenen su fuerza, la brisa seguirá surcando para encontrar su destino.

Cuando se descubre algo, y ese algo es bueno y nos hace sentir como nunca, no podemos dejarlo escapar. Debemos alimentarlo, cuidarlo y tratarlo como se merece, según la situación que cada uno vivamos. No podemos dejarlo morir; sería un «pecado» no desarrollar la fuerza de brillar. ¡Pero qué difíciles son las cosas a veces! Tan cerca las tenemos que las sentimos latir en nuestro interior, y tan lejos que se nos escapan de entre los dedos como esa brisa de mar que nos refresca, pero marcha rápida hacia la costa.

No dejemos morir los descubrimientos que nos ilusionan. Persigamos esa vida, hagamos que la erupción del volcán se produzca y que la llama se vea desde la distancia.

La pisada

Dejamos huella de las situaciones que vivimos en cada paso que damos. Todas ellas aportan una experiencia.

Me encanta caminar por la playa cuando la marea está baja y nos deja pisar donde el mar vive y respira; ya si lo hacemos con la caída del sol, la tierra dura y la brisa del atardecer, nos hace sentir libres.

Si nos fijamos en las innumerables pisadas que otras almas han dejado, son marcas de vida pequeñas, grandes, anchas, estrechas, alargadas, etc. Cada una tiene una forma y entiendo que representa a una persona diferente.

Cuando las miro, me doy cuenta de cuántas historias se viven al mismo tiempo que nosotros sentimos la nuestra. Muchas veces pensamos que solo existimos nosotros con nuestras circunstancias, pero al ver las huellas vemos que solo somos uno más en una historia muy grande. Somos un párrafo más esperando llegar a ser un capítulo en el libro de la vida y, para llegar a eso, debemos meter vida a nuestros años, tener vivencias que enriquezcan el libro que dejaremos para nuestros descendientes.

Tendemos a pensar que somos un libro en sí mismo, y que incluso ese libro es el único existente, pero al ver ese mar de pisadas nos damos cuenta de que solo somos uno más.

Vemos huellas profundas que nos dicen que han vivido mucho. Son esas «pisadas» que se han levantado muchas veces, que han sido capaces de sobreponerse a las circunstancias que le han tocado. Si todavía dejan huella, es que las han vencido.

Me encanta cuando vemos esas huellas pequeñas. Casi no dejan marca en la arena e incluso la misma brisa al correr las desdibuja; son pisadas frescas que corretean de un lado para otro, buscando su historia con la alegría y la ilusión de lo que está por venir.

Podríamos hacer una tesina de cómo son las pisadas en esa arena mojada de la playa. Cada una tiene una vida y una historia, pero lo que me queda claro es que siguen caminando, buscando sentido y escribiendo párrafos en el libro de la vida.

La pisada que dejamos marcada en la vida tiene una parte de responsabilidad nuestra. Aunque muchas veces no lo creamos, nuestras actitudes nos llevan a tomar decisiones que van moldeando la huella en la arena.

Lo más ilusionante que me llevo de esos caminos y de analizar esas pisadas que llenan de vida la playa es que, al subir la marea, se borran; se inundan de un agua purificante que cura todo y hace que las «cicatrices» se difuminen para al día siguiente volver a dejar una huella diferente.

Todos tenemos la capacidad de moldear nuestra huella; no cambiarla, ya que lo vivido, vivido está. Pero sí está dentro de uno mismo saber qué zapato le va bien para que nuestra pisada sea lo más limpia posible, la que deje un párrafo escrito que hable bien de nuestras vivencias. Al final, abriremos el libro y nos daremos cuenta de lo que hemos dejado, lo que hemos vivido y, lo más importante, cómo lo hemos hecho.

Pensemos que somos una huella en un mar de vidas; ni la más importante ni la más sufrida, solo una más. Pero hagamos que cada día podamos cambiar su dibujo para que la huella que dejemos sea más próspera para nosotros y para todo el mundo.

El valor

La lucha por reponerse nace de uno mismo. Pongamos en valor nuestras capacidades para hacerlo.

Nunca sabemos cuándo tenemos que demostrarnos a nosotros mismos que poseemos valor; valor visto como capacidad para afrontar todo tipo de retos. Muchas veces, el valor lo relacionamos más con acciones que son muy emotivas y emocionantes en la vida de un ser humano. Sin embargo, creo que el valor es una cualidad que se manifiesta en muchas ocasiones a lo largo de nuestra vida.

Si nos ceñimos al valor cotidiano, no a ese que sale en las películas como último cartucho para salir vivo de una situación, sino al que miramos a la cara cada mañana cuando nos levantamos, es el que nos hace fuertes y verdaderamente superhéroes.

Existen muchos escenarios en los que uno tiene que demostrar valor: al escoger a nuestros amigos, al saber qué queremos estudiar, al declararnos a la persona que nos gusta, al tomar la decisión de aceptar un trabajo (aunque no sea el mejor nuestra vida), al decidir si casarnos o no, etc. Estoy seguro de que muchos de nosotros pensamos que hay más ocasiones para demostrar valor. Totalmente. Creo, sinceramente, que cada minuto de nuestra vida tenemos una ocasión de demostrarnos a nosotros mismos el valor para afrontar las cosas. Ahí es donde radica el verdadero sentido de la vida: vivirla y asumirla.

Me parecen titanes todas esas personas que tienen el valor por bandera; lideran su vida para tomar decisiones, sean correctas o no, y pasan a la acción pensando en los pros y los contras. Estas personas dirigen su vida desde la verdad interior, desde el deseo de liberarse de los candados que todos tenemos, lo que les impulsa a crecer y experimentar.

Pero si existen unas personas que tienen el mayor valor que un ser humano puede poseer, son las que luchan contra una enfermedad y son capaces de ponerle buena cara en cada momento. Son verdaderos gladiadores de la vida; ponen la ilusión por vivir por encima del pesimismo y del dolor que una enfermedad grave les produce.

Cuando los vemos sonreír, estar alegres, transmitir positividad a otras personas y ofrecerle un guiño a la enfermedad para seguir viviendo, realmente vemos al superhéroe de verdad, al que no le hace falta colgarse de una liana y cruza de árbol en árbol para demostrar su valor, porque su valor reside en las ganas de continuar la historia y seguir respirando vida. ¡Estos sí que representan el valor en su máxima expresión!

Debemos ser capaces de afrontar todo lo que nos suceda con valor. Todos tenemos batallas que librar; en todos nuestros registros de vida se nos presentan ocasiones para hacer algo diferente, y ahí tenemos que poner en acción nuestro valor. El valor va muy relacionado con nuestra capacidad interior de ver el mundo. Cuanto más oscuros estemos, más difícil será poner valor en nuestras acciones; cuanto más claros estemos, más fácil será tomar la decisión de hacer algo que conlleve acción, o no, pero sí hacer algo.

Entonces, veamos el valor como algo que podemos entrenar, que podemos predisponer a nuestras capacidades para desarrollarlo. Si no nos dejamos ensuciar por cosas que no tienen sentido y trabajamos el músculo emocional y la claridad del corazón, estaremos más predispuestos para desarrollar la capacidad de ser «valerosos».

Visto así, todos tenemos valor, todos podemos demostrarnos a nosotros mismos que tenemos capacidad para afrontar la vida mirándola de frente.

El sentimiento de halcón

Desde lo alto vemos nuestros destinos; no dejemos de luchar por ellos, aunque no los sintamos cerca, porque siempre aparecerán.

El ser humano camina siempre entre las encrucijadas de su vida sobre cómo actuar, cómo comportarse, qué decidir, qué decir, etc. Es decir, siempre navegamos en un mar que no tiene un rumbo fijo. Todos pensamos que tenemos el rumbo de nuestra vida, pero no tenemos ni el rumbo de nuestros sentimientos.

Qué grande es ser persona, tener sentimientos que no tienen un sentido, sino que solo se sienten. Ese cosquilleo, esa ilusión por cosas banales e ilusiones infundadas en nada concreto: esos son los sentimientos de las personas. Todos somos personas, pero unos tienen más desarrollados unos sentidos que otros. Muchas veces hemos visto la insensibilidad aparente ante determinadas situaciones de amigos, conocidos, compañeros e incluso nosotros mismos, pero es solo una pose que el alma nos impone. El hombre siente por naturaleza, sufre, disfruta, quiere, odia, se enamora, se desamora, ríe, llora… En resumen, todo lo que implica sentir es el rasgo que nos hace ser esas maravillosas personas que vivimos.

Esas características difícilmente moldeables, de antemano, tienen un rabioso destino que no podemos predecir ni anticipar, solo vivirlo y aceptarlo. En ese terreno es donde nacen las conexiones y las desconexiones entre las personas y las cosas que vivimos. Ese nacimiento crece desde la llama de una ilusión que muchas veces ni la has encendido tú; solo sientes su calor en tu corazón.

¡Qué grande e incomprendido es el corazón! El corazón nos lleva a terrenos donde nunca hubiéramos pensado que podríamos llegar, conseguir cosas que ni pensábamos, sortear problemas más grandes que nosotros e, incluso, hace que nos superemos cada día y en cada momento. Muchas veces, ese corazón tiene la vista de un halcón; sobrevuela el horizonte a grandes alturas mientras vive su vida, pero de repente sus ojos se cruzan con su supervivencia, con su destino, y empieza a germinar un sentimiento que no tiene formas ni reglas; solo crece desde la ilusión.

Y ese halcón enciende la semilla de su supervivencia y lucha por romper un destino, que incluso no estando predestinados sí estaba en un carril, como un tren que va a un destino por unas vías fijas. En ese momento comienza el cambio de destino y los sentimientos le llevan a sitios inesperados, llenos de esperanza y alegría. No es que el tren tuviese un destino erróneo, sino que hay otros destinos que no tenías contemplados, y son maravillosos.

Pero esa mirada de halcón que le ha llevado a un sentimiento que parece nuevo, no es nuevo; es un sentimiento que estaba en su destino, que se fundó en una mirada hace tiempo y que la vida le llevó a volar por diferentes lugares. Pero, como los designios del corazón son moldeados por los sentimientos y los sentimientos por las miradas, al cruzarse de nuevo sabe que es su camino.

Desde hoy, lucharé por ser un halcón para poder divisar mi destino y cambiar el rumbo de mi vida.

Nacida para ganar

Cuando tenemos un don, debemos desarrollarlo; no hacerlo sería un pecado. Sin embargo, el verdadero éxito no es la cima, sino el viaje para llegar a ella.

Siempre hemos tenido la intención de hacer las cosas bien, de sentirnos plenos con lo que hacemos, para lo que hemos nacido, como si fuera el destino de nuestro ser.

Muchas veces no somos capaces de encontrar nuestro don, cosa muy difícil en este mundo donde nos machacamos por mejorar en lo que somos peores para hacernos completos, y no potenciamos donde realmente somos buenos, donde fluimos. Ese mantra de ser completos es el que nos lleva a las frustraciones en el desarrollo de nuestra vida, porque tenemos que martirizarnos en mejorar cosas donde nuestra naturaleza no está preparada y, sin embargo, no potenciamos las virtudes que tenemos. Para este punto me encanta la dinámica americana, esa cultura de especialización que hace que lleves a la máxima dimensión tus virtudes.

Cuando la encontramos, pensamos en utilizarla para ganar siempre, para engrandar nuestro ego de alguna forma, demostrando a los demás que en lo que hacemos somos los mejores, y sin quererlo buscamos su aceptación.

Existen muchas temáticas donde podemos encontrar esa superioridad personal: la música, las letras, el baile, los números, la creatividad y el deporte.

Ahora tengo la suerte de estar cerca de deportistas de élite. Son personas que tienen una habilidad que les hace resaltar sobre los demás. Pero esa capacidad no viene sola; solo tienes la predisposición para hacerla y la creatividad para ponerla en funcionamiento, pero sin trabajo es solo una ilusión, una quimera que puede frustrar hasta al más fuerte de los mortales.

Cuando alguien con ese don se enfrenta en su temática a otra persona, solo piensa en ganar; pero no es una lucha contra la otra persona, es una disputa contra sí mismo, contra su ego que tiene que alimentar.

¡Qué fácil es ganar y qué difícil es perder! Aquí hago una mención especial al gran Santiago Álvarez de Mon, profesor del IESE, que siempre habla de que tenemos que «aprender a perder, más que nadar en la abundancia de la victoria». Cuando vemos a un profesional que ha puesto todo por ganar y pierde, vemos el fracaso en sus ojos, en sus gestos y en el justificado enfado contra uno mismo. Yo esto lo vi en primera persona en una deportista hace muy poco y, sinceramente, te impacta la sensación de frustración por no conseguir el logro para lo que está llamado. Pero no olvidemos que aquí es donde está el aprendizaje como persona.

La victoria nos ensancha el ego, nos responde a una ilusión mental por conseguir algo que es efímero y mentiroso. La victoria nos acerca al halago sin fundamento. Todos queremos estar cerca de la victoria, aunque seamos espectadores, y nos hace trasladar esa alegría solo para fusionarnos con la victoria de otro, la cual nos hacer tener un momento de satisfacción. Sin embargo, cuando uno aprende en la derrota a ser mejor profesional, mejor persona, se encuentra con la sinceridad y la capacidad de mejora; aunque es dura, es la que nos hace progresar. Esto no quiere decir que la derrota sea la cima de un deportista, porque la cima es la victoria, pero el viaje para llegar a ella nos hace crecer y evolucionar.

Tengo el lujo de poder compartir tiempo con una deportista de élite que encarna todos los valores necesarios para ganar y para aprender a perder. Estoy convencido de que será la número uno en poco tiempo, pero no solo profesional, sino que desarrollará las mejores habilidades como persona para crecer. Ella lleva el *#MakeItReal* en su esencia y le permitirá tener un alma preparada para la vida. Como decía Nelson Mandela, se necesitan esencia y alma para conseguir las cosas, y ella las tiene.

Vivamos con la sabiduría de crecer en el esfuerzo, el cual nos llevará al aprendizaje y nos hará disfrutar más la victoria.

Mariposas en la barriga

El cosquilleo es el resultado de saber que algo te llega a lo más profundo, y ese «algo» está en todas las cosas que hacemos en la vida. Sigamos buscando la necesidad de encontrar mariposas.

Una de las cosas más bonitas del mundo es ver el amanecer y caer del sol. Son momentos que hacen sentir algo en tu interior, no sabes qué, pero te hace dar gracias por estar vivo. En ocasiones puedes haber tenido una mala noche, un mal día, un mal momento en tu vida, pero al ver ese instante se para el tiempo de tus sentimientos, y solo afloran dentro de ti los más profundos, como es el amor.

He visto innumerables caídas de sol en mi amada Cádiz, donde la luz desaparece por el mar fusionándose con la frescura y la claridad de la vida, y aparece la Luna con una sonrisa para explicarnos que todo termina y empieza, como un nuevo ciclo.

Dado que mi vida profesional me ha permitido viajar mucho, he visto el amanecer más bonito del mundo en Guatemala. No puedes imaginar qué color emerge de la tierra, es el fuego de nuestros corazones que nace cada día. ¡Impresionante!

Te puedo asegurar que esos momentos en Guatemala los tengo guardados en mi retina como si fuera hoy; pero no son recuerdos, son las ganas de vivir en el amor y la felicidad que cada ser humano tiene en sus raíces más profundas. Somos mamíferos que buscan su supervivencia, en el pasado por ser capaces de vivir un día más, ahora por ser capaces de amar y disfrutar un minuto, un día... una vida.

Cuando esa ilusión germina en ti como el más robusto árbol, percibes algo que nace en tu interior. Entiendo que es el sentimiento que las madres adoran cuando llevan a un niño en su barriga, y la ilusión no olvidemos que es el motor de nuestras almas; sin ella no seríamos nada. Cuando uno tiene ilusión puede conseguir todo en la vida. Esa es una mirada a la vida, a los ojos de la otra persona, a nuestros propios ojos interiores, y sientes que el tiempo se para; la película de tu vida pasa rápida y se detiene en el destino. Cuando eres capaz de mirar algo y detener el momento, sabes que es el momento de tu vida. No lo tenemos que dejar pasar, aunque sea complicado rehacer las cosas. ¡El amanecer no se puede detener; la ilusión por la vida tampoco!

La ilusión, vestida de amor, fecunda un animal que no vemos, pero lo sentimos, y las mariposas empiezan a recorrer nuestra barriga; pero no es nuestra barriga, sino nuestro corazón. Ahí ocurren cosas maravillosas, cosas que nunca pensarías que pudieran ocurrir. Viajas en el tiempo con esa ilusión, con esa persona, con esa vida, y el destino no es otro que el tuyo y el de la otra persona.

Muchas veces es muy difícil hacer ese viaje. Las situaciones son complicadas, hacen que pospongamos el camino y vivamos en una travesía por el desierto, algo duro para una persona que encuentra su destino. Pero, en ese momento solitario donde solo vemos arena y silencio, ocurre algo que nos devuelve la ilusión: el sol sale y se pone todos los días, y nos hace sentir mariposas dentro de nuestro corazón. Las mariposas se mueven en nuestro interior y nos hacen cosquillas, unas cosquillas que nos esbozan una sonrisa porque vemos que nuestra vida se ilumina como cuando salta un *flash*, y nos iluminará hasta el fin de nuestros días.

Dejemos que las mariposas revoloteen en nuestro interior como ese pollito que corretea en busca de su destino. Estoy seguro de que nuestro corazón y nuestra barriga lo agradecerán.

La mirada

**Hablar sin decir nada, actuar
sin moverse del sitio, sentir
sin expresar; todo lo logra
una mirada profunda.**

Fusionar las miradas hace que ocurra algo. No sabemos lo que sucede, pero se activan los transmisores que tenemos en el cuerpo y la electricidad pasa entre las personas. En ese instante se produce una conexión entre las dos personas, no necesariamente buena ni mala, sino que se conectan y ahí empiezan a surgir cosas. Es como si los acontecimientos de la relación se precipitaran. Es muy raro que, una vez producida esa conexión, una de esas dos personas no reaccione, no actúe de alguna manera diferente.

Tenemos una mirada entre unas parejas. En este instante, si existe conexión, suele ser profunda porque los ojos se centran en el fondo del alma. Esta es la razón de los flechazos con nuevas personas. No es otra cosa que cuando se cruzan las miradas algo ocurre, da igual el físico, el carácter, la mochila… lo importante es el momento. Luego puede pasar que la situación no camine, pero la conexión está.

Tengo dos hijos que tienen una edad ya casi adulta con las consiguientes salidas nocturnas, con amigos, viajes, etc. e intento, en la medida que puedo, ofrecerles consejos que he aprendido en mis cincuenta años y en mis experiencias profesionales por todo el mundo.

En estos años he aprendido que la mirada marca un antes y un después en las personas; es como un cable de alta tensión que conecta. Es por ello que, si es efectivo para las relaciones humanas positivas, también lo es para las negativas. Por eso, a mis hijos les indico que cuando vean gente «de relación conflictiva» por la calle no crucen la mirada con ellos en una primera instancia. No levantemos el cable entre ambas personas; después, si es necesario, no tendremos más remedio que hacerlo, pero no le demos opción a que la energía negativa navegue por la mirada.

De igual forma, cuando estamos en medio de una reunión, negociación o discusión con alguien, tanto a nivel profesional como personal, si somos capaces de mirar de forma profunda, el rumbo de esta cambia considerablemente; aunque la dirección dependerá de la naturaleza humana.

Las miradas son silenciosas. Eso no quiere decir que no hablen; posiblemente digan más que muchas palabras y comuniquen más que muchas personas, pero la clave es que la mirada tiene que ser natural; no puede ser actuada. Como dicen algunas personas: «mira al centro de los ojos para mirar, pero sin cruzar miradas». Eso no es.

De esta forma, podríamos decir que la energía humana está en los ojos, y por aquí se transmite llegando hasta límites insospechados. Existen personas que, con solo mirarse, parece que se están hablando. Son capaces de transmitirse sensaciones sin abrir la boca.

Practiquemos la mirada profunda. Hagámoslo en cualquier momento, tomando un café con un amigo, con tu pareja, con tus hijos, etc. Verás cómo el rumbo y la química cambian por completo.

Turista de por vida

Disfrutar como herramienta para seguir adelante en la vida es sinónimo de felicidad, y esta se encuentra en cada pequeña cosa de la vida.

Durante mi vida profesional he tenido la suerte y el privilegio de viajar a innumerables países del norte de África y Latinoamérica, países que me han dado la capacidad de crear una estructura diferente en mi forma de ser y de actuar.

Cuando uno interacciona con otra cultura, aunque sea a nivel profesional, desarrolla transmisores en el sistema emocional que nos hacen estar súper atentos a todo lo que nos rodea, a todo lo que tiene alguna actividad con nosotros. En este estado de activación del sistema emocional es cuando te «mimetizas» con el país, la cultura y, en definitiva, con la gente que vive su día a día. En ese momento te das cuenta de los colores que existen en las diferentes civilizaciones. La verdad es que es un *momentum* especial.

He conocido a personas en Colombia, Guatemala, Honduras, El Salvador, Perú, Chile, Argentina, México,

Marruecos, Argelia, Túnez y Portugal en su estado más puro, es decir, cuando me he podido mimetizar con ellos. El hecho de viajar y trabajar de forma recurrente me ha llevado a tener ese *momentum* en su día a día. Aquí es cuando te das cuenta de las diferentes personalidades que existen: habladores, callados, extrovertidos, profundos, intensos, dejados, activos, parados, listos, inteligentes, hábiles, positivos, tóxicos, etc. Una paleta de colores muy grande.

Muchas veces he llegado a ese estado de conexión que me ha hecho sentir como un turista trabajando, es decir, con la sensación de disfrutar cada sorbo de la vida, cada momento que vives, aunque estuviera trabajando. Ese momento de turista es mágico. Disfrutas de todo y te bebes la vida a borbotones; todo te es positivo, todo lo ves claro (hasta los problemas), y empiezas a generar una buena vibra que todo el mundo que te rodea la percibe y la saborea.

Por eso son tan gratificantes las vacaciones. No es por no trabajar, que también, sino porque encuentras ese estado zen donde todo es color.

¡Qué grande es la vida de turista! ¿Y si viviéramos toda la vida de turista?, ¿cómo sería?

Este sí es el objetivo que debemos tener: hacer que nuestra vida diaria sea como la de un turista, ver las cosas con una paleta de colores y poner en cada momento el color adecuado para disfrutarla al máximo. ¡Esto sí es ser feliz!

Pues, después de estar por muchos sitios y mimetizar con mucha gente, me he encontrado a la mejor «turista» de la vida en Brunete. Uno piensa que esa sensación solo se encuentra en sitios exóticos y divertidos; pues no, esa es una sensación que marca tu vida y sale del alma de cada uno, por eso la encuentras en todos los lugares.

Esta «nena», como le gusta llamar a la gente, «turistea» donde vaya. Ya puede ser trabajando, charlando con alguien, jugando al pádel, educando a sus hijos, discutiendo... lo que sea, pero siempre con una paleta de colores para pintar el corazón de ilusión y alegría.

Gracias, NENA, por «turistear» y hacer que los demás seamos un poco mejores cada día.

Tu reflejo

Cuando vemos que el reflejo que proyectamos se hace vida en otra persona y crea su propia luz, la vida se nos hace infinita.

Cuando nacen nuestros hijos sentimos un enamoramiento juvenil que nos renueva por dentro; es una sensación que nos hace experimentar una ilusión enorme por verlos en cada momento.

Según van creciendo, vamos percibiendo cómo se va formando su manera de ser, cómo responden ante las diferentes situaciones que les marca la vida. Esos primeros años son los que fundamentan los principios de la personalidad. Ahí es donde tenemos que ser muy cuidadosos con el cariño y atención que les ponemos. El ser humano es capaz de retener en su inconsciente un patrón de comportamientos que ha visto o sentido, y difícilmente podrá deshacerse de esa mochila emocional.

Según pasan los años, nuestros hijos forman la estructura de personalidad que los llevará a ser los adultos que han sido llamados a ser. En muchas ocasiones son un reflejo de lo que somos nosotros o de lo que les hemos transmitido, pero con su sabor único.

A todos los hijos les intentamos dar el mismo cariño y atención, pero es cierto que no todos son iguales y cada uno asimila los sentimientos de forma diferente. Es como si vieran el haz de luz que refleja la Luna desde prismas diferentes. Tenemos que dejar fluir esa personalidad según la perciben ellos y le dan forma.

Muchas veces un hijo se proyecta como el padre y otro como la madre. No hay nada predestinado y no sabemos por qué sucede esto, pero está claro que existe disparidad en los caracteres y parecidos de cada hijo. Pero, según van creciendo, vamos viendo cómo luce esa personalidad, y una de las cosas más bonitas que podemos llegar a sentir como padres es verse en el reflejo que transmiten. Habilidades, capacidades, manías, razonamiento, etc., todo un conjunto de atributos humanos se proyecta en ellos o en ti con una misma forma.

En esos momentos es cuando realmente te das cuenta de que has creado una persona que tiene que vivir de una forma diferente a ti, pero con los mismos rasgos de personalidad que tú. Y quizás en muchas ocasiones nos podemos sentir culpables de haberles trasmitido rasgos negativos que tenemos, y eso nos duele porque ellos no pueden ser culpables de lo que somos nosotros.

Es igual que cuando la Luna se refleja en el mar. Suele proyectar una luz distinta según donde uno esté, no sabemos por qué, pero en unos sitios luce con matices azulados y en otros con un blanco cristalino. Pues es igual que con nuestros hijos. El reflejo es diferente en uno o en otro, pero lo que está claro es que ese reflejo es verdad y lleva el valor de la familia.

No nos podemos olvidar de que los reflejos en nuestros seres queridos, mejores o menos buenos, son el patrimonio que vamos a dejar en este mundo y tenemos que estar orgullosos de ellos, entendiéndolos, mejorándolos y siendo comprensibles en todos los casos.

El reflejo en los hijos es la proyección de vida que pasa de unos a otros. Seamos creyentes de nuestros reflejos como creemos que la luna es el espejo del sol que nos ilumina cada mañana.

Los pilares

Todo no vale porque sí. Las cosas deben tener una base y hacer las cosas bien; si no, no tiene sentido nada de lo que hacemos.

El otro día estaba charlando con mi hijo de forma distendida sobre las cosas que nos hacen estar adaptados a la sociedad en la que vivimos; qué cosas nos hacen tener una predisposición para ser una persona completa, desde cómo nos sentimos hasta cómo nos integramos con los demás. Está claro que somos un todo, visto desde la singularidad de nosotros mismos; tenemos que ser capaces de consolidar en un sentimiento distintas perspectivas del mundo actual.

Con esta reflexión encima de la mesa, café caliente y un gran trozo de tarta de chocolate, nos introducimos en las cosas que tenemos que desarrollar para conseguir ese ser dentro de nosotros. En esta charla pude ver la profundidad de mi hijo en una edad pueril todavía, dejándome a la vista una madurez que todavía no había sido capaz de vislumbrar. Sí es cierto que ya había visto pinceladas de su estructura, pero ese día me di cuenta de la persona que es y de la persona que está llamado a ser.

Empezamos por establecer los cimientos en los que debemos enfocarnos para armar ese arquetipo de persona que todos queremos llegar a ser, y lo resumimos en tres pilares muy claros: conocimiento, integridad y libertad de pensamiento.

Vimos el conocimiento como punto cardinal desde donde nos apoyamos; sin él no podremos tener amplitud de mente para entender muchas cosas. Es por ello que, todo lo que alimente de conocimiento a nuestra persona, crea una base fundamental; lo vemos desde un prisma de conocimiento cultural, educativo, moral y experimental. Efectivamente, no solo lo estudiado, leído y comprendido nos ofrece ese pilar. Claro que es fundamental y necesario, pero a ello le tenemos que sumar todo el conocimiento que nos aportan las experiencias, las diferentes situaciones que tenemos que afrontar para adaptarnos al medio. Si unimos todos estos elementos, seremos capaces de crear ese pilar que es clave para todo.

Luego nos adentramos en un punto mucho más etéreo, pero claramente vital para la creación de una persona, dado que es el pegamento para todas las capacidades que tenemos que desarrollar. Sin embargo, es uno de los más difíciles de adquirir porque lleva un componente actitudinal que en muchos casos nos viene dado en nuestro código genético: es la integridad. La integridad vista desde muchos prismas, desde el compromiso moral, ético y profesional, de ser fiel a nuestros principios y no ponerlos en debate nunca (lógicamente ajustándolos a las situaciones y siempre conservando los de los demás). Este pilar nos ayudará mucho en la vida para no caer en problemas de linealidad en nuestra forma de interpretar el conocimiento que hemos adquirido, ponerlo en valor y no cruzar barreras que nos hacen perder los principios fundamentales. Si no somos íntegros, no somos fieles a nuestros principios; si no somos fieles, no tendremos libertad de pensamiento; si no somos libres, seremos presos de los demás.

E hilando con este pilar nos llegar el tercero, que no es otro que consecuencia de los otros dos: tener libertad de pensamiento. Cuando tenemos conocimiento y somos íntegros con el mismo, adaptándolo al medio, lógicamente, tenemos la capacidad de pensar por nosotros mismos y no dejarnos llevar por las corrientes temporales de la vida y de las compañías. Aquí todos somos susceptibles de caer y que el río nos ahogue por su afán por llegar al mar, pero si nos apoyamos en unos pilares sólidos seremos capaces de discernir si es lo que tiene que ser o no es lo que tiene que ser porque no tiene sentido para mí.

Sobre estos tres pilares quiero que mis hijos desarrollen lo que han sido llamados a ser: unas personas amplias, buenas, con capacidad de adaptarse al medio y con ganas de mirar las cosas de frente siendo libres en la elección de vida.

El renacer

Nos caemos porque somos frágiles, nos levantamos porque somos fuertes, y renacemos porque queremos y somos irrepetibles.

¡Qué difícil es ser capaz de cambiar el rumbo de tus sensaciones! Cuando algo te afecta y te llega al corazón, se te desarrolla una incapacidad para salir de ese pensamiento. Es como si estuvieras anclado a una realidad que te hace daño y te duele.

Siempre hemos pensado que salir de ahí es algo fácil y que solo es «ponerse». Es más, en muchas ocasiones somos osados y damos consejos a la gente que transita por ese oscuro pasillo, pero ¡ay, amigo!, cuando nos toca a nosotros no lo vemos tan fácil. En ese momento comienzan las dudas sobre la capacidad que tenemos para superar cosas que afectan a nuestro estado de ánimo. Ese estado de ánimo marca la forma de comportarnos y de desarrollarnos en nuestro día a día. No nos damos cuenta, pero empezamos a ver las cosas desde un cristal mucho más opaco que distorsiona la realidad, lo que pasa es que no lo vemos. Estamos ciegos ante el conflicto interno y solo vemos lo que nuestro sentimiento quiere ver, que muchas veces no es lo correcto para salir de esa situación. Tenemos que renacer para conseguirlo.

El ancla la tenemos bien echada y nosotros solos ya no la podemos levantar. Es como ese barco pirata lleno de tesoros ocultos que fondea en una playa perdida en lo más hondo de nuestros corazones y que tiene que partir, pero no encuentra el viento ni las fuerzas para hacerlo. Esa petición de socorro grita en la noche con una fuerza que nos deja afónicos. Tenemos pesadillas por no poder navegar bajo el viento de las cosas que nos hacían felices antes; pero si somos capaces de superar la pesadilla, levantarnos y pedir ayuda, ahí es cuando empieza el camino para renacer.

Hay veces que ese «renacimiento» nos lleva a un nuevo ser, una nueva persona que no solo se siente diferente, sino que actúa de otra forma para soportar los avatares que el profundo mar nos sacude al navegar. En ese momento, nos viene la encrucijada de estar con ese nuevo ser que vive dentro de nosotros. Muchas veces no lo conocemos, no lo queremos e incluso no lo entendemos. Cuando esto ocurre, significa que algo está pasando en nuestro interior. Quizás es ese renacer para afrontar las cosas desde un cristal diferente; ni mejor ni peor, diferente. Será una situación que nos enriquezca como personas. El ser capaz de ver las cosas desde otros puntos de vista hace que podamos abstraernos de los problemas y de nosotros mismos, divisarnos desde una posición más alta y ser espectadores de cómo afrontamos las cosas.

Si soy capaz de hacer eso, de saltar a otro espacio para saber quién soy de verdad y cómo debo querer la vida, estaré levantando el ancla para renacer con fuerza. Todos tenemos que y queremos en algún momento renacer. No es malo cambiar algunas cosas de nuestra forma de actuar. No es perder la identidad como persona, es ampliar y aprender de las experiencias vividas para tener un aprendizaje vital.

Si somos capaces de renacer más de una vez en nuestra vida, estaremos entrando en otra dimensión como persona; iremos cambiando el cristal por el que tenemos que ver las cosas dependiendo de cuál es el problema. De esa forma, lo afrontaremos mucho mejor y sufriremos menos.

Olores que marcan nuestras vidas

Existen situaciones que las vivimos, pero no las recordamos. Sin embargo, de repente algo hace clic y aparecen como si las estuviéramos sintiendo ahora mismo.

¿Cómo se puede activar un recuerdo aparcado en nuestro cerebro más de treinta años? Pues hace poco tuve esa sensación. Se activaron partes de mi cerebro, de mis papilas gustativas e incluso se erizó mi piel como si lo estuviera viviendo en ese momento, y han pasado más de tres décadas. ¡Tremendo!

Estaba en la escuela primaria, debía tener aproximadamente nueve años y me regalaron una cartera para el colegio. Era muy bonita y tenía un olor especial, al material del que estaba hecho. Era tal la ilusión por tenerla que se infundió en mi alma ese recuerdo.

Al abrir una compra que realicé, el envoltorio llevaba ese mismo material porque percibí el mismo olor, y me llevó a mi niñez, a esa cartera, a ese colegio, a ese momento. Como si el cerebro abriese un cajón de la cómoda donde teníamos historias ocultas y las sacase en *prime time* en ese mismo momento.

Todos somos capaces de recordar lo que nos hizo sentir algo especial. No una cartera solamente, sino un momento, una historia, una disputa, un amor... En definitiva, algo que nos llegó al corazón de una forma inesperada, como es el olor. O no, o no nos llegó por el olfato; nos llegó por los sentimientos, pero el olfato es la puerta al recuerdo y por eso es tan importante tener un buen perfume de persona.

Existen personas que llenan tu vida en primera instancia con una fragancia. No tiene que ser la más cara del mundo, pero sí su fragancia, la que les identifica como persona, como ser humano y lo que proyectan. Esa fragancia habla de ti como si fuera un libro abierto: qué tal te has levantado hoy, cómo has dormido, qué miedos tienes, qué esperas del día... todo lo que sea dibujar tu vida y tu contexto. Cuando una persona pierde esa fragancia, pierde ese encanto que le hace ser diferente, que le hace proyectar lo que es y lo que quiere ser. Las fragancias pueden ser cosméticas, con ese olor especial que cuando pasa una persona cuenta una historia; pueden ser de hogares, con ese clima que describe la forma de vivir y sentir; pueden ser brillantes, con esa luz que una persona irradia al moverse. Pero no nos confundamos, no es lo mismo la «colonia» que la «fragancia». La colonia es impuesta, estéril, frágil, falsa; sin embargo, las fragancias son verdad, están vivas, son sinceras, creativas y diferentes para cada persona.

Ese olor que recuperé de mis recuerdos me sacó una sonrisa y me hizo viajar sin moverme, me rejuveneció y me demostró que la vida es maravillosa, y soy un privilegiado por ser capaz de inundarme de su aroma.

Busquemos los aromas de nuestra vida, a qué nos evocan y a dónde nos llevan, porque siempre nos llegará un momento donde algo nos haga recordar lo que fuimos y lo que hicimos, pero sobre todo lo que sentimos.

Complicidad, ¿pero laboral?

Podemos buscarla en todas partes y no encontrarla. No es porque vayamos a sitios equivocados, sino porque no está, pero puede aparecer en cualquier momento y en cualquier sitio.

Se suele tener complicidad con otra persona, como tu pareja, pero ¿podemos tenerla con nuestros jefes?, ¿con nuestros compañeros de trabajo? Es más que probable que con tu familia tengas esa relación, sobre todo con los progenitores y hermanos. Parece que llevar la misma sangre y ser gestado en una misma unidad familiar hace que desarrollemos esa habilidad humana, que no es otra que ser partícipe de las situaciones que nos ocurren, tanto buenas como malas, con una sintonía.

Vaya por delante que es un tema de lo más complicado en las relaciones humanas, sin hablar de la pareja sentimental, donde en una etapa inicial es fundamental y la clave de todo. Pero, si entramos en el mundo de relaciones laborales, aquí «con la iglesia hemos topado», como decían nuestros ancestros.

Cuántas veces hemos visto grandes profesionales que no han podido desarrollar todo su potencial porque no han podido fluir en una empresa. ¿A qué se debe esto? Está claro que si dejamos de lado las capacidades y habilidades profesionales, donde es evidente que no puedes fluir y rendir si no las tienes, muchas veces existen otros factores que marcan el devenir de los acontecimientos. Y más que los acontecimientos del crecimiento y desarrollo de las personas en una compañía, porque no nos olvidemos de que se tienen «vasos comunicantes»; sensaciones profesionales y personales padecen el mismo dolor normalmente.

Actualmente, las compañías están en un proceso de cambio constante, parece que todo tiene que ir rápido y dinámico para que avancemos. Muchas veces, ni la empresa es capaz de digerir ese cambio, pues ni pensemos en las personas. La sensación de vivir sin llegar a las cosas hace que crezca ese diablo llamado «estrés». Esto hace que, para las personas, los cambios sean situaciones estresantes que nos llevan a poner las revoluciones del motor a tope. Y es cierto que, en muchos casos, es la causa de que demos como profesionales todo nuestro potencial. Pero ese esfuerzo no solo se debe hacer desde las capacidades operativas, es necesario estar en el *momentum* que nos hará fluir y dar todo nuestro valor. Está claro que el *momentum* tiene muchos matices (pero que muchos), que pueden ser profesionales, de mercado o de producto. Pero el más importante es el que radica en el valor tangible más importante de una organización: las personas.

Las personas tienen que vivir en ese mar convulso del cambio. Pero, para que lleguen al éxtasis que hablamos, tiene que existir complicidad, vista desde varias aristas: hacia arriba con mis responsables, en horizontal con mis compañeros y hacia abajo con mi equipo.

Las organizaciones dan virajes debido a la «mar», y en ese cambio de timón necesitamos saber cómo sienten, qué les gusta, qué les molesta; ser partícipe de los éxitos, de los fracasos, de las decisiones. En definitiva, compartir los duros sinsabores de la «mar» picada. Si somos capaces de llegar a esa conexión, aparece el *momentum* que nos permitirá fluir y disfrutar de la vida de forma integral, mucho más allá de la vida profesional.

Si durante la vida laboral de un profesional no se consigue identificar ese clima, esa complicidad, es muy difícil que pueda rentabilizar sus conocimientos como demanda la empresa. Las luchas internas, las dudas y los cuestionamientos pueden hacer fracasar hasta al mejor profesional. Por eso es tan necesario desarrollar esas habilidades sociales que te hacen identificar qué cosas pueden llevarnos a esa complicidad laboral, sabiendo que en muchos casos no es tan fácil y necesita de una química especial, pero debemos intentar conectar con nuestro entorno para fluir.

Si una pareja tiene complicidad, se ve en las miradas que dicen sin decir nada, en los compromisos que no necesitan justificación, en hacer crecer a la otra persona en sus inquietudes sin pedir un porqué, en satisfacer sus necesidades… En resumen, en ser uno y estar comprometidos en ser una misma persona.

Pues esto lo tenemos que conseguir en su justa medida en el entorno laboral. ¿Lo conseguiremos?

Desarrollemos habilidades para tener complicidad con nuestro entorno y viviremos mejor. Como decía Oscar Wilde, «La verdadera inteligencia es la que hace que mi entorno esté mejor para yo estar un poco mejor».

Desembocar

Aunque no sepamos hacia dónde vamos, siempre recorremos un camino marcado por nuestro destino y al llegar veremos que todo el viaje tenía un plan definido.

El agua fluye y baja por el sinuoso cauce del río; avanza sin descanso y renovándose en cada metro que recorre. La línea que deja es clara y cuando la ves pasar percibes la frescura de su pureza. Deja tras esa estela un haz luminoso que permanece un tiempo en la retina de los ojos de la naturaleza; son esas imágenes que se graban en nuestro cerebro y permanecen estáticas unos segundos. Pero esto no significa que no sigan avanzando. El agua no para y sigue su curso, como la vida; por mucho que nos ocurran cosas al final siempre nos llevan a otro sitio, como el cauce avanza hacia la mar.

Nada para, nada perdura; todo es movimiento y todo tiene un lugar donde desembocar, donde todos los corazones tienen un reposo para ser parte de un todo.

El río camina deprisa; no lo podemos detener, es la ley de la vida. El agua fluye, pule cada piedra que envuelve, surca las laderas del camino pintando nuevas rutas cada vez y ofrece la manta que todos necesitamos.

Sufrimos y padecemos circunstancias que nos hacen pensar que el tiempo se parará en ese instante y que nunca pasará. Nos alegramos y festejamos situaciones que no queremos que se pasen nunca, pero eso no es posible. Todo sigue su curso y nos tenemos que adaptar a ello. El presente tiene parte del pasado que tuvimos y el futuro se arma del presente que vivimos; pero el ciclo lo creamos nosotros, nadie más. Somos los directores de nuestra vida y tenemos que marcar el rumbo de ella.

Cuando el río desemboca, no piensa en lo duro que fue el descenso hacia el mar, en el tiempo que tardó, en lo que fue dejando por el camino. Solo piensa en todos los sitios por los que pasó, en los que aprendió, en los que dejó huella, y recuerda a todas las personas a las que refrescó para poder seguir caminando un paso más. Al llegar al mar siente que se completa con algo mayor, aportándole su experiencia más dulce, diferente; más diversa, pero que hace que todo siga su curso.

Qué sabia es el agua, cómo se adapta al camino que recorre, cómo se mezcla al llegar a su destino, cómo aporta algo siempre. Todo siempre tiene un porqué y un para qué, como en la vida.

Todas las cosas por las que pasamos siempre tienen un valor. Al final, se conectan ellas solas y nos hacen saber el porqué de todo. Puede ser que en un momento no lo veamos claramente; quizás no seamos capaces de comprenderlo o pase tan rápido que no podamos asimilarlo. Las sufrimos, las sentimos, las vivimos, las gozamos, pero nunca nos paramos a pensar cómo nos están enriqueciendo, cómo nos están aportando, cómo están moldeando nuestro ser; como el agua que se adapta al camino para llegar a un final que ensalza su existencia.

Desembocar, siempre lo vamos a hacer; siempre llegaremos a un punto donde podremos mirar hacia atrás y ver el camino recorrido. Pero debemos asimilar que todo nos hace crecer, todo nos hace aportar de alguna manera para ser quienes somos en realidad.

Es el momento de disfrutar del viaje por el cauce del río, bebernos las cosas buenas y aprender de las malas, pero veamos siempre el camino como una forma de aportar algo al mundo.

Difícil perdonarnos

El miedo no puede hacernos quedar en el sitio; lo tenemos que medir y gestionar, pero nunca frenar el sentido de supervivencia, que no es otro que el movimiento.

Como somos humanos, nos solemos equivocar muchas veces, pero que muchas. No seríamos personas si no tuviéramos esa virtud de equivocarnos. Sí, sí, virtud, porque el tomar malas decisiones en la vida nos lleva a dar un paso hacia un sitio diferente y equivocarnos, que no es otro que el camino para mejorar.

Los que me conocen saben que el lema que más me aplico es «El que arriesga en la vida es el que no arriesga nunca», frase que se la escuché al gran Luis Manuel Calleja, que en paz descansa, gran profesor y mi consejero profesional. Allí donde estés, siempre serás mi *coach*.

El que no toma decisiones, el que no incentiva su cambio personal, el que no acepta nuevas formas de hacer las cosas, el que no actúa, el que cuando se queja no se mueve;

113

en definitiva, el que no arriesga en su forma de actuar, es el que arriesga realmente en la vida, porque un día esta sociedad te llevará a cambiar, actuar, decidir, y si no estás preparado para ello, sufrirás. En ese sentido hipotético de «asunción de riesgo» es donde nos debemos mover, pero lógicamente con un control. El incentivar la acción en todos sus sentidos no significa que nos movamos de manera alocada, sino que debemos tener la capacidad de «querer hacer», pero analizando la situación.

Si hemos tomado la decisión de actuar, ¡enhorabuena! Es el primer paso para ser feliz en la vida: «hacer». Pero ahora vienen las consecuencias, dado que no siempre nos sale todo bien. Es más fácil fallar que acertar, y aquí es donde vienen los problemas.

Si la decisión implica consecuencias, somos capaces de destrozarnos a nosotros mismos por el simple hecho de actuar o tomar la decisión incorrecta. Pero una persona tiene que tomar la mejor decisión con los datos existentes, y muchas veces no son suficientes. Actuamos, tomamos decisiones sobre algo en concreto con la información que tenemos, y muy posiblemente no teníamos o toda la información o nos dejamos llevar por algo intangible; por el corazón, por la intuición… y entonces puede que no sea la idónea. Aquí empieza el calvario y la verdadera lucha interior. Para mí, es el principal motivo del inmovilismo de las personas, el no ser capaz de soportarse a sí mismas cuando toman una decisión y no sale como esperaban. Pero estas son las reglas del juego en la sociedad actual; no todo es fácil y lo podemos anticipar, sino que tenemos que saber gestionarlo, primero de forma interna y segundo de forma externa.

En este instante aparece la mejor «acción» del mundo, pero solo si se hace desde el sentimiento, que es el perdón.

Si uno se perdona y sabe aceptar que no hizo lo correcto, todo está solucionado. Es más, el error te lleva a un aprendizaje que nunca te hubieses imaginado. Pues si nos cuesta pedirnos perdón a nosotros mismos, pensad cuando nuestra acción lleva un daño a otra persona. Aquí no solo entra el coraje de aceptar un fallo, sino el orgullo de reconocerlo públicamente. Qué débiles somos. La verdad es que el orgullo es inversamente proporcional a la inteligencia de una persona.

No sabemos que el «orgullo» es el culpable de no pedir perdón, fijaos hasta dónde llega la estupidez de esta *descualidad* humana. Pero lo que no sabemos es que, cuando lo hacemos, el cuerpo experimenta una corriente que nos llena de energía.

Seamos inteligentes, potenciemos el cambio y la acción en nuestras vidas, pero perdonemos.

Duda

**Qué aburrida sería la
vida si en todo momento
sintiéramos de forma clara
lo que tenemos que hacer.
Es cierto que seríamos más
felices, pero esa felicidad sería
tremendamente dudosa.**

Nunca sabemos lo que uno quiere o pretende en la vida; quizás es una de las grandes decisiones que un hombre puede tomar. Saber qué quiere de forma clara para poder planificar un proyecto de vida, esa es la encrucijada de vivir.

Navegamos en un mar de dudas de forma constante. Aunque todos sabemos que la vida es complicada, pensamos que podemos tener una idea de lo que queremos. Pero la verdad es que no tenemos ni idea de cómo será nuestra existencia y, menos aún, qué será de nosotros mañana. Esta es una de las razones por las que tenemos que vivir la vida cada momento, cada instante, porque todo se puede ir al traste en un minuto.

Cuando nos damos cuenta de que la duda existe en nosotros, comienza una lucha interior, una pelea sobre cómo enfocar las cosas, cómo actuar y con quién actuar. Es un sentimiento encontrado, de tristeza, de angustia interior por no saber qué es lo mejor para uno mismo. Ese sentir hace que, incluso, podamos perder la salud por la inquietud interna. No nos damos cuenta, pero cuando la mente no es capaz de asimilar las cosas o de tomar una decisión, el cuerpo la toma por ti con una alarma en tu salud. Dormir poco, perder el apetito, tener las defensas bajas, depresión, etc., son síntomas que, en muchas ocasiones, ni los doctores son capaces de identificar la raíz de dichos; pero si profundizamos en uno mismo podemos ver que el inicio de dicha situación sale de nuestra mente.

Qué difícil es tener duda, qué difícil es sentir angustia por no saber qué querer, qué difícil es no fluir de una forma estable en la vida. Todo esto hace que el ser humano con conciencia viva una situación estresante.

Cómo envidiamos a las personas que son capaces de no tener duda… Creo que no la tienen porque no llegan a ver que existe otra opción, y eso es producido por un desconocimiento de otras cosas, de otras vidas, de otros proyectos. Sin embargo, cuanto más complejo es uno, más dudas tiene de todo; es capaz de dudar hasta de uno mismo. Parece que, a más profundidad y reflexión interior que una persona posee, sufre más; la duda se hace presente en forma de realidad.

¿Y qué hacemos?, ¿cómo abordamos esto? ¿Nos desarrollamos como persona o nos dejamos llevar para no tener angustia? Pues sinceramente, no lo sé. Parece que una persona se realiza cuanto más desarrollada está, cuantas más cosas ha visto y cuanto más amplia es su capacidad de sentir. Pero lleva una especie de sufrimiento asociado, que muchas veces no somos capaces de admitir ni de digerir.

Lo que sí pienso es que la duda esta implícita en un ser humano y no podemos dejarla de lado; de hecho, tenemos que llevarla hasta el extremo para conocer más. Eso nos llevará a proyectar una sombra más grande.

Lo que debemos hacer es ser capaces de vivir en la duda, de asimilarla y de eliminar de alguna forma esa angustia que nos quita el alma. Para ello, vivamos la vida en toda su esencia, y si la duda nos lleva a tomar una decisión equivocada, pidámonos perdón, vayamos a por ello y sigamos viviendo.

El abrigo

Estar desnudos en cuerpo y alma nos da pavor, pero no porque no tengamos ropa, sino por dejar libres nuestros temores ante los ojos de la gente.

Una de las cosas que más pudor nos da en la vida es presentarnos ante alguien desnudo. La ropa nos ofrece una coraza que nos protege de las miradas ajenas ofreciéndonos la seguridad para poder funcionar. No solo es por fuera. Lo más grave es cuando nos sentimos desnudos por dentro; el corazón y nuestros sentimientos se quedan al descubierto en una secuencia de acontecimientos dramáticos para la confianza.

Cuanta más seguridad tenemos en nosotros mismos, más confortables estamos y más desarrollamos nuestras capacidades; además de frenar el miedo que, como seres humanos, tenemos en nuestro ADN. En definitiva, somos mamíferos que, incluso pasadas muchas décadas, todavía tenemos una conciencia de supervivencia. Siempre estamos alerta por si un depredador nos corta nuestra libertad.

Ahora, nuestros enemigos no buscan alimento, sino nuestra energía que irradiamos hacia los demás. Existen verdaderos «vampiros» de las buenas vibraciones. Siendo sinceros, incluso nosotros mismos lo somos en cierta medida, actuamos como depredadores hacia otras personas. Muchas veces es intencionado, pero otras muchas es sin una intención clara, sino que el subconsciente saca a relucir su instinto de supervivencia y pasa a la acción atacando a sus víctimas para adquirir nueva energía.

Es por ello que, ante la desnudez, nos sentimos más temerosos, más débiles; como esa gacela herida que divaga por la sabana. Sabe que será presa de los depredadores tarde o temprano y eso le infunde más temor. Poco podrá hacer desde su posición; no tiene coraza, no tiene defensas, no tiene nada, solo pavor por perder la vida. Nosotros, la dignidad.

Esto es un mantra que todos tenemos, por mucho que digan algunos que no tienen miedo a su desnudez, porque no temen nada. Es mentira. Ante la soledad que presenta la noche, todos sienten algún temor, siempre. Lo que pasa es que, ante esa posición, generan otro traje de protección: la negación.

El camino que recorremos nos obliga a desprendernos de ropa que nos protege y ahí empieza la búsqueda hacia el abrigo que nos arrope en el frío de la oscuridad, tanto diurna como nocturna. Cuando conseguimos ese abrigo nos sentimos seguros, volvemos a generar energía y volvemos a brillar como somos, sin complejos y sin miedos. El calor nos da dos cosas: ser uno mismo y estar preparado para sobrevivir. Es más, en algunos casos, ese abrigo puede ser una piel que es temida por los depredadores que deambulan por la vida.

Una mirada, una sonrisa, un guiño, una broma, una cerveza en compañía, unas risas… todo hace que nos pongamos esa manta en el corazón. Todos buscamos eso, todos lo anhelamos, todos lo perseguimos, y cuando lo encontramos no lo podemos perder. Es más, lo debemos alimentar, fomentar y cuidar como nunca lo habríamos hecho.

Existen personas con las que tienes esa conexión y comparten abrigo para no estar desnudos. Son especiales y nos salvan la vida, nos ofrecen la coraza que necesitamos en cada momento y nos hacen sentirnos bien con uno mismo, con los demás, y estar preparados para sobrevivir a todas las emociones que la vida nos presenta.

El amor

Siempre buscamos las respuestas en los sitios más complejos, pero no nos damos cuenta de que las tenemos delante de nosotros.

El otro día llegó a mí una definición de amor que daba un padre a su hija, y me pareció tan estupenda y apropiada que me la grabé a fuego. Viendo la televisión en familia, apareció una referencia al amor entre esas dos personas y ella le preguntó a su padre qué era, y la contestación fue la siguiente: «Amor es cuando tú le quitas el chocolate que se ha preparado tu hermano para llevárselo al colegio, y él incluso sabiendo que lo haces, porque te ha visto, lo sigue dejando para que te lo lleves». Eso es amor, dar y darse a los demás de una forma desentendida sabiendo que el otro es lo que necesita.

Simple, directa, pragmática, sencillamente perfecta.

Muchas veces pensamos que el amor es algo que podemos tocar con las manos del corazón, pero no es así. El amor vuela como una pluma que baila con el viento; tenemos que acompañarlo con su movimiento suave y armónico, muchas veces sin un rumbo claro, pero sí con la fluidez que nace desde el sentimiento de una persona.

Amar a alguien es sentir que esa persona es parte de ti, está dentro de ti y la percibes en cada momento de la vida, en cada paso que das y en cada cosa que sientes. Cuando esa sensación te embriaga, da igual lo que ocurra alrededor, todo pierde sentido porque uno siente que está pleno. Parece que no le hace falta nada más, solo moverse al son de esa pluma que baila con el viento de la otra persona. Qué bonito es, qué grande es. Quizás, por mucho que persigamos cosas en la vida, no vamos a encontrar nada que nos reconforte más que amar y ser amado.

¡Amar y ser amado! Aunque no lo creamos, siempre estamos buscando amar y ser amados. En cada rincón de nuestra historia queremos encontrar esa sensación que nos hace pensar que la vida tiene su significado; el significado que responde a las preguntas que nos hacemos en cada momento. Necesitamos respuesta para sanar nuestras inquietudes, y amar nos da la clave de cuál es el verdadero sentido de vivir.

Si amamos y somos amados, da igual lo que pase, porque siempre encontraremos respuestas a las verdaderas preguntas de nuestra vida. Pero existen personas que nunca nos darán esas respuestas; no les demos la posibilidad de cambiar las preguntas.

Cuando encontramos el amor, el sol nunca se pone, siempre brilla encima de nuestras cabezas; nos reconforta por medio de su calor y la brisa de la mañana nos refresca siempre, nos resetea y nos da la energía para seguir nuestro camino. Yo lo he encontrado, lo he sentido, lo he tocado, lo he visto crecer, lo he visto madurar, lo he visto renacer, lo he visto reír, lo he visto llorar, lo he visto fluir.

El amar y ser amado te da el aire para seguir, como esa pluma que baila al son del viento sin rumbo fijo, pero sí con un destino claro que es maravilloso. El amar nos hace ponernos en el corazón del otro y el amado recibe ese sentimiento como suyo. Nada más fácil, nada más profundo, nada más grande, simplemente darse al otro.

No puede haber nada más maravilloso para mí en la vida que contemplar con un "flash" el baile del viento, sintiendo el movimiento que nos rejuvenece cada mañana.

El ángel de la guarda

**Algo bueno debí hacer en
otra vida para tenerte en esta
como guardián de la que vivo.**

¿No tienes la sensación muchas veces de que alguien desde el cielo abre una mirilla para verte? Parece que el cielo tiene una conexión con nuestra vida y es divisada desde lo más alto. Es una sensación difícil de explicar porque uno lo siente; siente una protección en todo momento. Si miramos para arriba podemos ver ese haz de luz que se proyecta en nosotros y nos ilumina por medio de esa lupa que tiene la mirilla. Nos crea un escudo de protección alrededor nuestro donde nada malo puede pasar dentro. En ocasiones, no sabemos quién abre esa mirilla, no vemos quién nos está observando ni protegiendo. Todos anhelamos en algún momento saber quién nos cuida como un ángel de la guarda, pero muy pocos lo ven. Ese ángel nos arropa por la noche, nos quita la piedra para que no nos caigamos, nos levanta cuando no podemos esquivarla, nos cuida cuando estamos enfermos y nos llama para saber cómo estamos en forma de sonrisa. Son seres especiales que nos han escogido entre todas las personas del mundo para estar ahí siempre, a nuestro lado.

Qué habremos hecho en otras vidas para tener ese privilegio. Algo bueno hemos tenido que hacer para que ese ángel nos señale con su haz de luz y nos observe desde esa mirilla de la vida para cuidarnos.

Pues yo he sido uno de los afortunados, de los privilegiados, de los premiados en la vida que he puesto cara a ese ángel de la guarda. Lo conozco desde que nací y he vivido con él muchos años: es mi hermana. Algo más grande no podría existir, aunque volviera a nacer. Ella siempre está presente, siempre está al lado, siempre me apoya en todo lo que haga en la vida. Es, sin más, la que me protege en un lugar seguro del que sé que nadie me puede hacer daño.

Su radio de acción no solo se queda en mí; tanto privilegio no podría tener, sería un pecado divino. Un ángel así es capaz de tener una mirilla para cada persona de su familia. Parece que tiene mil ojos, como una marciana, para poder divisar y proteger a todos de una forma cariñosa y amable. Siempre da calor, da paz a todo el mundo desde el cuidado y la ternura. No me puedo explicar cómo lo puede hacer. La única respuesta que tengo es que es sobrenatural y viene de otro planeta que aún no conocemos. El universo la puso en nuestra familia como único objetivo en su vida y lo cumple a rajatabla. Hay veces que se oyen los susurros del otro mundo para agradecerle el buen trabajo que hace.

El problema es que los mortales, los que vivimos aquí abajo, no le agradecemos lo que hace; lo entendemos como natural, pero nada más lejos de la realidad. Es un acto de amor que recibimos y no sabemos devolver.

Lo más bonito de todo es cuando, observando por esa mirilla, se da cuenta de que tiene que bajar a la tierra.

Entonces, se calza sus zapatillas de deporte, se viste, se cuelga el bolso y adquiere la forma de una persona normal: mujer, madre, hija y hermana, para ayudar y solucionar todo lo que hemos hecho mal. Incluso hay veces que aparece con su perra Everest, la única que sabe que es una marciana que se ha transportado a la Tierra en forma de mujer. Pero no lo dice, solo la mira y la protege como ninguno de nosotros lo hacemos.

Gracias por estar siempre ahí, por sentir que me proteges y me cuidas en cada momento. El mundo tendrá que dar muchas vueltas para que te pueda devolver todo lo recibido.

El chapista chulo

La mediocridad y el complejo por no tener capacidad para ser lo que anhela ser se viste de chulería. Dios nos libre de caer en sus bailes.

Todos nos hemos encontrado con un chulo en nuestras vidas. Es más, abundan en todos los espacios donde nos movamos: en el trabajo, en los amigos, en los gimnasios… En general es un mal que padecemos como seres humanos, y esto en alguna ocasión no nos exime de tener esa pose dependiendo las circunstancias que vivamos.

Pero estos personajes presentan una fachada muy parecida. Suelen ir engominados, porque quieren dejar clara su presencia, incluso suelen ir así para hacer deporte (cosa un poco inaudita, pero ocurre). Tienen una pose altiva bajo una mirada, en algunas ocasiones, afable; en otras su mirada es superior a la de los demás. Gesticulan como si lo tuvieran todo claro, como si fueran los «preclaros» sobre lo que ocurre en la sociedad, como la gente que tiene muchas vidas y saben la historia futura bajo su historia pasada; qué quimera. Todavía puedo recordar esa mirada ladeada que te proyectan, donde quieren llevarte a un control de la escena, a una seguridad en todo lo que hacen y les cuentas.

Siempre dudé de la gente que no ve más allá. Es más peligroso un tonto que se piensa listo, que un listo que piensa erróneamente. Uno sabe el daño que puede hacer, el otro ni lo sabe, ni lo ve, ni lo entiende. Qué pena.

Pero más lejos de la realidad, ese comportamiento está infundado en un complejo de inferioridad humana, de profundidad, de reflexión, de ver más allá de lo que sucede en su alrededor. Son poses que, como seres humanos, ponemos para ocultar nuestros miedos; pero los chulos suelen tener esa pose puesta de por vida. Es su forma de vida y su forma de engatusar a la gente. Pero es cierto que, en cosas banales, sin entidad, lo hacen y nos llevan a su terreno. Transitan como grandes cazadores, como ese león que se mueve por la sabana de la vida, del trabajo, del bar, del gimnasio, de la playa, etc. sabiendo que es el macho alfa de la manada; que su superioridad y su pose dominan la escena y nada les importa que el momento presente que les satisfaga. Lo que pasa es que, al final, solo cazan roedores porque las grandes presas los ven desde lejos; su gomina y su colonia barata les hace delatarse. Por eso, en definitiva, son carroñeros de la vida: de las historias de cada uno, de los sufrimientos de cada persona, de los problemas que vivimos, de las dudas que podamos tener; de todo por lo que un ser humano sufre durante su vida.

Ahora sí, cuando ven esa presa herida, con problemas, con necesidad de desahogo, ahí aparece el gran cazador, desplegando su pose y su seguridad porque sabe que no tiene peligro, que su presa está dominada por el pánico de su problema, y comienza el cortejo paulatino para cazar. Se acerca sutilmente; no percibes que viene. Es más, te sientes halagada porque parece que te salvará y te cuidará como macho alfa de la manada. Se presta a escucharte, a comprenderte, a sentir cómo te sientes, y tú caes en sus garras: te abres y dejas al aire tus debilidades, tu cojera, tu ceguera, tu falta de velocidad, etc.; cualquier debilidad que tenga el ser humano en un momento de su vida, puede ser personal, laboral o conyugal. Y en ese momento, justo en ese instante débil, ejerce de cazador: te muerde en el cuello y no lo sientes; es más, percibes el calor de tu sangre como algo placentero, algo que te alivia de tu dolor como las sangrías que hacían en la Edad Media, pero no te das cuenta de que te estás muriendo.

Cuando te tiene con sus incisivos en el cuello, comienza el susurro del débil, ese canto a la destrucción de lo otro, al consejo que le favorece, a cruzar líneas incompatibles con la integridad y la honestidad. Son herramientas que la presa, herida y sangrando por la vida y por las garras en su cuello, escucha con los ojos abiertos de un moribundo en sus últimos momentos.

Los grandes rapaces que sobrevuelan lo divisan desde el cielo, nada más lejos de su forma de cazar directa, honesta, veloz, llena de valentía y de destreza. Cuando las rapaces emprenden su descenso a por su presa saben que son verdad, que son pureza, que son supervivencia; ponen todo su corazón en conseguir lo que quieren y aman. Por eso, ante esa escena, ríen y lloran a la vez. Se sienten impotentes; ríen por ese hombre chulo que solo sabe cazar con una actitud impostada, bajo el dolor ajeno, y lloran por la presa que se ha dejado cazar bajo un aire de salvador, pero que no es otra cosa que la destrucción.

La vida está llena de este tipo de personas bajo esa mirada de chulo. Son personas aprovechadas y ruines, pero siempre nos suelen engañar si estamos débiles y decimos: «Tiene pinta de chulo, pero es guay», «es buena persona», «no tiene maldad»… Bueno, la maldad es una cosa que se demuestra al cruzar líneas que no se pueden cruzar, en saltar vallas que no se pueden saltar, en entrar en cuevas que no se puede entrar, en decir cosas que no se pueden decir. En definitiva, en no saber dónde está el límite entre la integridad y la corrupción de la otra persona y de las personas que quieren de verdad a su presa.

No quiero chulos en mi vida, no quiero farsantes en mi vida, no quiero carroñeros en mi vida, no quiero corruptos en mi vida, no quiero gente sin integridad en mi vida, no quiero aprovechados en mi vida. No, no. No los quiero porque al final traen a la vida de las personas la destrucción y la muerte.

Luchemos contra los chulos, contra esta gente débil y sin valores, ya que ellos no merecen que el mundo viva bajo la sombra de carroñeros humanos debido a su incapacidad de afrontar su fracaso personal.

Si alguna vez hemos sido presa de estos personajes, aprendamos de nuestros errores y tengamos la capacidad de divisarlos como hacen los halcones; se ríen de ellos desde la distancia, ya que solo cazan las risas de la buena gente.

El dolor

Cuanto más «grita» el dolor y más «lloramos» los sentimientos, más cerca estamos del amor y del perdón.

Quizás es momento de que seamos sinceros con nosotros mismos, con lo que queremos y creemos. El daño es algo sangrante y te deja sin aliento, sin fuerzas, y si lo dejas correr mueres por pena, no por otra cosa. El amor es algo difícil de explicar y poner sentido: nace y muere en el intangible, en el corazón, y nunca en la mente. Por eso, cuando las rupturas llegan uno piensa que la vida no tiene esperanza de continuar en uno; es la muerte emocional para disfrutar y sentir. Además, si esto se produce por las personas que brotaban confianza y verdad, el roto hace un túnel en el corazón donde llegamos a ver el abismo, y ahí solo hay mentira y escusas.

El cambio, el olvido, el castigo producido por lo que era la luz hacen que el dolor no sane nunca y sea difícil poner un cristal opaco en nuestros corazones. Será el momento de pensar en el destino; en un destino que existía, pero no lo veíamos. Todo indicaba que llegaríamos juntos hasta el final de nuestros días, pero esa flor se ha roto y marchitado.

Aunque lo veamos oscuro, la luz existe; pero ahora, solo existe vacío. ¿Se puede superar el vacío en el alma?, ¿podremos sobrepasar los límites de la cabeza y del corazón? ¿Qué podemos hacer? ¿Cómo actuamos?, ¿cómo aprendemos a sonreír otra vez? Difíciles estas preguntas; las respuestas a muchas de ellas solo las encontraremos cuando toquemos fondo, cuando las fuerzas por vivir desaparezcan. Hasta que no lleguemos a vernos volando en la oscuridad y logremos separar el cerebro y el corazón, no seremos capaces de ver una salida digna.

El perdonar es lo más difícil que tenemos que asumir como personas, pero el perdón sobre algo que cruza los valores de la integridad nos lleva a un dolor tan insoportable que ponerlo en práctica es una cruzada interior. Pero, si no pasamos ese punto de inflexión, no podremos vivir.

Perdonar, asumir, sanar y continuar.

Romper, sanar, perdonar y continuar.

Ambos caminos nos obligan a tomar una decisión interior: perdonar. Pero el orden nos puede marcar la forma de vida y cómo la afrontamos de aquí en adelante.

¿Cuál elegimos? Ambos llevan oscuridad, temor y la aparición de fantasmas que perturban el descanso del alma. El miedo se apodera de nosotros y nos paraliza la capacidad de movimiento. Muchas veces queremos movernos y no nos movemos; el cuerpo está inerte en el sitio, pero no es el cuerpo el que no se mueve, es la corriente de vida que navega por nuestros cuerpos y sobre todo por nuestras almas.

¿Decidir? La vida es decisión y la ausencia de esta nos ahoga.

El final

Somos partícipes de nuestros viajes, pero son los espectadores de nuestras experiencias los que nos hacen saber dónde está el final de uno y el inicio de otro; solo tenemos que escucharlos.

Los finales son difíciles de asimilar. Aunque pensemos que tienen que llegar y están llegando, nunca estamos preparados para ellos. Es una situación compleja de admitir cuando el viaje es placentero. Sin embargo, cuando vivimos algo grave y queremos que llegue ese ansiado final este se hace querer, por desgracia.

Al aparecer por la cuesta del camino el cartel de «se acabó» es cuando pasa la película de tu vida de forma rápida y te das cuenta de las cosas que no has hecho bien, de las cosas donde podrías haber dado un poco más. Pero, como dice un gran amigo, «con el periódico del lunes todo se ve muy fácil», y si lo hubiéramos sabido todo habría sido más fácil.

Efectivamente, cuando estamos inmersos en el viaje, no somos capaces de admitir ni ver cosas que pueden ensuciar el itinerario. Por mucho que nos digan y nos aconsejen, no vemos la pancarta del final, y lo más absurdo es que alguien de fuera la ve desde la distancia. Esto pasa en casi todas las cosas de la vida. Cuando tenemos un problema y no somos capaces de resolverlo ni incluso ver dónde está la raíz de este, llega alguien y nos ayuda a divisar lo que nosotros ni pensamos. Yo creo que esta es la clave de la existencia de los *coach*, psicólogos, etc.; personas que tienen esa habilidad para ver cosas que uno mismo no puede divisar, e intentan ayudar y allanar el camino del viajero.

Los finales son nocturnos. La oscuridad nos embriaga y nos asusta; no hay otra, no todo es luz y color. Por eso existen la luna y el sol, pero incluso sabiendo que el sol saldrá al día siguiente el final nos da un pellizco en el alma que duele.

En el viaje existen muchos caminos, aunque no los veamos por la oscuridad de nuestros ojos, existen con destinos maravillosos para todas las partes, y es donde siempre se debe recordar de dónde venimos porque el camino que recorrimos fue el que nos hizo como personas.

Punto y aparte, claridad para el alma, cambio de paso, etc. Todas las opciones son posibles porque los finales tienen distintos matices: de éxito, de fracaso o de cumplir con nuestro compromiso personal. A ese compromiso no podemos renunciar nunca, al compromiso como persona de forma individual, a ser feliz en nuestro interior y disfrutar de todas las cosas, incluso de las más pequeñitas, como dice una preciosa canción. Si alguien no es capaz de disfrutar de todas esas cosas que nos ocurren en el viaje como un turista, el final es algo que nos dará luz, aunque inicialmente nos haga revolvernos y ponernos del revés; pero era necesario ver con otros ojos.

Todos tenemos derecho a saber cuándo está el final, ese punto donde nuestro compromiso está comprometido, y si está comprometido tenemos que actuar porque si no nos hundimos y no podremos reflotar jamás.

¿Doloroso? ¿Vertiginoso? ¿Lagrimoso? Sí, todos estos sentimientos los vamos a tener, y es una pena, pero los destinos son rabiosos y el ser humano no ve muchas veces lo que tiene delante. Parece que tenemos unos prismáticos de la vida: vemos de lejos, pero no de cerca.

Llega el final, porque no vimos el destino, se acabó el viaje porque no disfrutamos lo que teníamos. Llega el inicio, porque el destino nos sorprendió, se inicia el viaje porque queremos disfrutar.

El temor

Todos tenemos miedos; nadie está exento de ellos. Aparecen y desaparecen en nuestra mente martilleando nuestras esperanzas, haciendo la noche más oscura y el día más salvador.

Cuando la oscuridad llega a mi mente ensucia todo lo bueno que me ha ocurrido en la vida. Parece que todo queda en segundo plano y solo brilla la oscuridad y el dolor en mi cabeza; martillea, martillea y llega a taladrarme sin pedir permiso. Sinceramente, no puedo identificar por qué aparece. Es un pensamiento, una sensación, un recuerdo… es algo que no puedo descifrar, algo extraño, pero que hace saltar las alarmas de la duda y el temor en uno, y en todo. Una presión en el estómago hace que me falte el aire y sucumba en un profundo miedo que me lleva a perder las fuerzas, las fuerzas por caminar y por hacer cosas, pero lo peor es que ese miedo me inunda y me arrastra como una mar picada.

El miedo es una sensación que me paraliza, me bloquea de una forma que me deja sin aliento. Por mucho que digan que el miedo te hace estar en alerta, no lo creo así. Cuando afecta al temor por haber perdido y perder mi conexión a la vida, el miedo saca todo lo peor de mí. Todos los fantasmas del pasado, del presente y del futuro que viven en mí aparecen y me llevan a un lugar donde no quiero estar; lo odio, me vuelvo vulnerable y la rabia se apodera de mí para soportar tanto dolor.

Cuando estoy en soledad, en silencio y sin actividad, mi cabeza lo llama. Normalmente, este momento se viste de noche, como si fuera a ir de gala, con un vestido largo y negro, lleno de peligros que me acechan en cada momento haciendo que la fiesta no sea de gala, sino de luto. Al sumergirme en ese tipo de noche, suplico que pase pronto, que corra como el viento en una tormenta, que las horas acorten sus minutos y que llegue a un sueño profundo lo más rápido posible. Pero, por desgracia, eso no suele pasar y la sombra se hace larga, muy larga, tan larga que llego a pisar el vestido que lleva puesto la noche y me caigo con ella. Daría lo que fuera por no ir a esa fiesta, lo que fuera, incluso cruzar el umbral de lo natural.

¿Por qué nuestra cabeza nos hace esta jugada? Algo que gestionamos nosotros mismos es el principal causante de la mayoría de nuestros problemas. Cuanto más pensamos, más oscuras son las cosas; cuanto más nos dejamos ir, más profunda es la herida; cuanto más nos preguntamos cosas, más grande es el dolor; y, cuanto más tiempo pasa, más tenebrosa es la sombra que proyectamos contra nuestros seres queridos.

Si veo el futuro bajo el cristal de la noche, todo lo veo muy negro y solo proyecto la vida desde una actitud temerosa y negativa, sin disfrutar de las cosas, llevando una vida desgobernada bajo el paraguas de lo negativo. Tengo que cambiar la dinámica, vivir el presente olvidando lo pasado, disfrutar el momento y echar a la noche de mi vida.

No quiero causar daño, ni a mí ni a nadie. Mi sufrimiento es incontrolable, por desgracia, pero el de las personas que me quieren lo tengo que controlar, gestionar y frenar. Verlos sufrir me pone al borde del precipicio, donde el camino más fácil es saltar al vacío y cruzar una línea incompatible con la vida. Pero no puedo dejarme llevar a ese sitio oscuro, tengo que pensar en salir y ver la luz bajo el cristal de la mañana. Tengo que olvidar los fantasmas y echarlos de mi mente, dejando entrar el amor y la alegría por vivir.

Esencia empresarial

En un mundo de depredadores, siempre encontraremos los unicornios que nos harán llegar al lugar donde hemos sido llamados a ser.

Soy una persona muy inquieta, incluso en algunos contextos se puede decir que intensa; todo lo vivo a la máxima expresión y pongo el corazón encima de la mesa para todo lo que hago. Esto me ha llevado a moverme laboralmente por diversos motivos: por crecimiento, por estar incómodo, por falta de libertad, etc. En definitiva, por alimentar a mi inquietud personal. Si soy sincero, todos los cambios se han producido cuando me había vaciado, cuando había puesto todo y quizás no he sentido el retorno personal. Esto no quiere decir que no se haya producido, sino que uno no lo siente, y si no lo siente no se produce en su interior.

No solo me he movido por diferentes empresas, sino en diferentes actividades, y he podido aprender de mucha gente, grandes profesionales y casi siempre grandes personas, donde lo que sí os puedo asegurar que he hecho es asimilar el viaje de alguna forma. Como decía Steve Jobs, la vida conecta las cosas hacia atrás, y en un momento de tu vida te das cuenta de que eso que hiciste tiene su impacto en algo que estás haciendo ahora.

Son más de veinticinco años en el sector de la consultoría TIC. He pasado por multinacionales de renombre mundial, corporaciones nacionales con vocación de internalizaciones, consultoras *boutique*, etc., y como decía, siempre he aprendido del viaje.

Este es un mundo vital, cautivador para una persona inquieta, pero tremendamente depredador en el sentido más amplio de la palabra. El mercado nos lleva a que seamos cazadores para poder sobrevivir en un ecosistema tecnológico súper cambiante, el cual nos lleva a una situación de estrés constante. Este contexto aguerrido en el mercado, situación lógica para sobrevivir, se filtra a las organizaciones de una forma preocupante, y nos podemos encontrar que somos nosotros mismos los más depredadores. Aquí no se libra nadie, no solo con el mercado, sino con los propios compañeros. No nos damos cuenta y sacamos las garras para sobrevivir incluso dentro de nuestra casa, creando una cultura empresarial algo tóxica.

Pensamos que estamos abocados a vivir de esta manera (porque nosotros somos partícipes de esto, eh), y cuando en el viaje encontramos un sitio donde existe compañerismo, objetivos, empatía y frescura por lo que hacemos, no lo podemos dejar pasar.

Siempre he notado y percibido la esencia de una empresa. Parece que tiene vida propia, corazón, una forma clara de comportarse, siente, etc. Son distintas peculiaridades que hacen que una empresa parezca que tenga manos y ojos. Lo que sí he podido comprobar es que esa esencia no sale sola, aunque lo pensemos; no tiene vida propia. Existen unos disparadores que activan esa forma de ser en toda la organización, en definitiva, en el alma de la empresa. Está claro que los disparadores los marcan los líderes de las empresas; son el combustible que hace que todo arranque para que las personas proyecten sus sueños en los trabajos que desempeñen en la empresa.

Parece una utopía encontrar estos líderes, pero no; existen. Yo los he visto y los he vivido. No abundan, pero navegan por la vida, y te puedo decir que soy un privilegiado por haberlos encontrado. Estos son los verdaderos unicornios que marcan las épocas, no las empresas, sino los líderes, los que pintan la historia por medio de su pincel, donde siempre predomina el bien personal y desde ahí construyen el cuadro profesional.

Cuando encuentras un lugar donde su *claim* de marca es «hacer realidad los sueños de la gente» te das cuenta de que todo empieza de nuevo; nace la ilusión por hacer que las cosas ocurran y que los objetivos personales y profesionales se cumplan.

Abracemos a esos líderes como aprendizaje en la vida y hagamos de esa esencia el marco de trabajo para toda la vida.

Somos solo nosotros

**Somos uno mismo y nos
tenemos que querer para
soportar la pesada carga de la
soledad.**

Nacemos, vivimos y morimos. Es un proceso de regeneración natural. Para nacer es necesario morir; este es el principio de mejora del mundo en el que vivimos. Cada nuevo nacimiento mejora el anterior en todas sus dimensiones; es la evolución natural de la sociedad y de los seres vivos, y ante eso poco podemos hacer; todos moriremos.

El sentido de la vida es algo complejo para todos nosotros. El ser humano es un ser débil que se apoya en otros para desarrollarse, para ser capaz de afrontar los retos del día a día. Desde que nacemos, hemos estado apoyados por nuestros padres, desarrollando nuestra forma de ser, creando nuestros valores y adoptando comportamientos que nos son otorgados de una forma sistémica y aprendida. Es un momento de la vida en el que sentirse acompañado es vital para activar todos los sentidos emocionales que nos hacen falta. La falta de ese cuidado y apoyo emocional siempre deja un poso en nuestro ser más profundo, y puede que nunca salga del fondo, pero normalmente al final la carencia se pone de manifiesto de alguna manera y se viste de una forma compleja de asimilar.

Esa sensación de sentir a alguien al lado nos hace estar serenos y seguros. El solo hecho de saber que nada ni nadie de nuestro entorno cercano nos hará daño, nos deja descansar en la almohada mullida de la tranquilidad, para reposar y descansar.

Parece que el ser humano necesita ese sentimiento de acompañamiento, de malla de seguridad para vivir; ese sentimiento de tranquilidad que nos hace poder pasar por el trayecto que existe entre nacer y morir de la mejor forma posible.

Pasamos del calor familiar al calor conyugal, para finalmente regresar al calor familiar. Es cíclico, como la vida; volvemos a la casilla de salida cuando estamos terminando la partida. Ese sentimiento de acompañamiento a una edad madura, en definitiva, es una quimera. Nos apoyamos en él para ser nosotros mismos, cuando nos tenemos que apoyar en nosotros para ser lo que necesitamos ser.

Estamos solos y no lo sabemos. Afrontamos las cosas en compañía, pensando que el calor nos ayudará en la travesía. Nos relajamos, nos dejamos llevar, porque pensamos que siempre tendremos a nuestro lado nuestros bastones para ir a todos los rincones oscuros de la vida, pero no siempre es así. Somos nosotros mismos en soledad. Somos un alma errante, un ser perdido que se tiene que encontrar a sí mismo si quiere seguir viviendo. El pensar que estaremos acompañados porque lo estamos ahora, solo nos lleva a una desilusión que nos ahoga en la noche. Cuando vemos que, en definitiva, estamos solos, nos entra el miedo.

El miedo nos invade; se apaga la luz de la ilusión y entramos en una fría oscuridad. Gritamos, pero nadie nos oye en la noche; hasta perdemos la voz, y nos damos cuenta. Lloramos, pero no nos salen lágrimas porque no tenemos nada dentro. Miramos, pero no vemos nada por la profundidad de la noche. Temblamos por el frío de la soledad, pero no encontramos el calor de la compañía porque esta se fue sin decirnos nada; salió de nuestra vida sin avisarnos de que tendremos miedo porque, al final, estamos solos. Somos uno cuando pensábamos que éramos más. Somos viento que surca la noche cuando nos creíamos la luz que iluminaba el mundo. En definitiva, somos solo nosotros mismos.

Cuanto antes nos demos cuenta de que, en definitiva, estamos solos, antes podremos crear músculo emocional para no sufrir, porque la soledad duele, y llegar a cerrar el ciclo al morir con la sensación de que navegué por la vida siendo uno mismo. Nadie puede estar a tu lado siempre. Nacimos uno, vivimos uno y moriremos siendo uno mismo en soledad.

La alineación

**Siempre pondré los once
mejores jugadores en la
cancha para ganar el partido
de nuestra vida.**

Está claro que el deporte rey es el futbol; es seguido por millones de personas y es la única actividad que es capaz de paralizar un país. No existe otra cosa en el mundo que mueva tanto a la gente, además de mover miles de millones. Sinceramente, siendo un deportista empedernido, no lo entiendo; y más cuando no representa los valores del deporte. Aquí, el engaño, el insulto, la intención y la falta de respeto están presentes en todas las acciones. Pero, lo que sí está claro es que los rituales y la jerga es conocida por todo el mundo, incluso por personas a las que no les mueve este deporte. Sabemos que se juega con un portero, con defensas, con medios y con delanteros. Hasta aquí todo parece sencillo y, de momento, es lo único que necesito para formar una alineación que será vital.

El ser humano ha nacido para vivir en pareja, ya sea de distinto o mismo sexo, para compartir con otra persona los proyectos y hacer el viaje acompañado. No es estrictamente necesario para disfrutar del viaje, pero sin duda lo hace más placentero si somos capaces de compartir; compartir las alegrías, los problemas, los dramas, los fracasos y los éxitos. En definitiva, necesitamos compartir lo que hacemos y sufrimos con alguien. No es una alegoría a la vida en pareja, porque muchas personas son muy felices sin tener pareja sentimental; pero lo que sí está claro es que necesitan compartir su vida con alguien, ya sea con amigos, familia, grupos sociales, etc.

En esta línea, leí un *post* precioso que finalizaba con una frase que me dejó marcado durante un buen rato por lo directa y profunda. Era sobre cuando nos sentimos paralizados y abrumados con un problema.

«Stop-Rebuild-Improve-Continue».

«Para, reconstruye, mejora y continúa».

Esto me hace pensar cómo debemos conservar y potenciar nuestras relaciones, algo muy difícil y complejo en la sociedad actual. Aunque pensemos que todo va fenomenal desde nuestra visión, tenemos que ver cómo va desde el otro lado, porque nos puede sorprender. Siempre tenemos que hacer que la rueda continúe, no podemos dejarla parar, porque si no nos damos cuenta y la relación se para, es muy posible que no la podamos poner a andar otra vez.

Cuando un partido de futbol está agitado, corriendo todos sin sentido, lanzando pelotazos para que los delanteros metan gol, etc., el entrenador suele decir: «paremos el balón y pensemos». Me resulta familiar ese mundo loco que nos lleva a no fluir en una relación humana, tanto laboral como conyugal. Esas tensiones sin sentido, esa velocidad sin control, esas acciones sin mirar las consecuencias, etc. En definitiva, todas esas piedras que nos ponemos y hacemos que las cosas se enquisten sin sentido. Muchas veces es porque no nos paramos a pensar y a rearmar las relaciones. Y aquí me viene a la mente esa frase, «Stop-Rebuild-Improve-Continue»: paremos el balón, reajustemos la estrategia, mejoremos nuestras posiciones y continuemos con el juego.

Por eso creo que todos tenemos que, en algún momento de nuestras relaciones, hacer la alineación para ganar el partido. Son once jugadores los que hacen un equipo de futbol, pues once reflexiones son las que nos llevarán a parar nuestro balón de la relación y fluir otra vez.

La defensa la componen el portero y los defensas; son la base del equipo porque desde aquí se consolida todo. Con una buena defensa, fuerte y unida, que sabe a qué juega, que inicia las jugadas y está concentrada, es muy difícil perder el partido. Pues es lo mismo en una relación: si verbalizamos con la otra persona lo que nos gusta de nuestra pareja, lo que queremos y lo que nos completa, tendremos la base de nuestra relación. Desde aquí se construye el juego.

La media suele ser la clave para que el juego fluya; es el punto débil del equipo. Si no lo hacemos bien aquí, podemos perder el partido. Si ponemos muchos jugadores, no tendremos opción de meter goles; si por el contrario no ponemos ninguno, no podremos hacer que esto mejore de ninguna manera. En una relación el punto más débil es la media. Tenemos que poner en boca lo que no nos gusta, nos pone nerviosos y nos molesta de nuestra pareja, qué cosas son las que nos hacen perder el juego fluido con él/ella. Si las tenemos identificadas y se las decimos a nuestra pareja, seguro que pone herramientas para solucionarlas o minimizarlas de cara a nosotros.

La delantera es lo que todo el mundo quiere ocupar porque se marcan goles, y esto es lo más ilusionante para un jugador. Además, afianza y refuerza el juego del equipo porque ven que están haciendo las cosas bien. En nuestra delantera tenemos que identificar claramente las cosas que nos hacen ilusión, las cosas que queremos hacer con nuestra pareja o queremos que haga nuestra pareja, cosas que nos gustan y nos gustaría potenciar para afianzar nuestra base y enriquecer todo.

En resumidas cuentas, tenemos que reflexionar sobre qué cosas nos gustan de nuestra pareja, qué cosas no nos gustan y qué cosas nos gustaría hacer con nuestra pareja para fluir. Pero, además, hacerlo por separado y ponerlo en común, porque así se verbalizarán cosas que no veíamos.

No obstante, hagámoslo solo con once reflexiones y distribuyámoslas en las tres líneas: defensa, media y ataque. Todas las líneas deben tener jugadores, mínimo tres por línea, porque si no el equipo no funciona. Identifiquemos a todos los jugadores claramente; pongamos todo en negro sobre blanco en nuestra relación, pero sin herir a nadie, siendo asertivos y empáticos con el otro. Hagamos esto y hablémoslo; no lo debatamos, solo entendámoslo y pensemos cómo podemos mejorar al equipo con lo que nuestro compi ha visto en nosotros. Si los dos lo ven como una mejora, estaremos dando sentido a esa frase que tanto me marcó:

«Stop-Rebuild-Improve-Continue».

«Para, reconstruye, mejora y continúa».

Por eso es tan importante parar y reflexionar de forma conjunta, para reconstruir la pareja. Esto lo tenemos que hacer lo antes posible para no enquistar las cosas, ponernos en acción para mejorar lo que no hacemos bien y ponerle chispa a las cosas que el otro necesita tener, y desde este ejercicio continuar con nuestra vida en sintonía asumiendo todos que no somos perfectos.

Yo, al menos, voy a hacer mi alineación ya mismo. Quiero mejorar mi equipo para ganar partidos y que el juego fluya sano.

La compañía

**«Mi Betania», la última
casa laboral que me acogerá
porque siempre ceno como
uno más de la familia.**

No podía dejar pasar la oportunidad de escribir sobre el lugar donde desarrollo mis capacidades, TSOFT. Y matizo desarrollar y no trabajar, porque este lugar me permite desarrollarme para ser mejor persona en cada minuto que pasa. Expliquemos esto un poco mejor; no quiero dejarlo pasar como algo efímero y ventajista a la hora de escribirlo, porque no es así. Este sentimiento lleva su reflexión mucho más allá de lo emocional; también afecta al comportamiento, actitud y vivencias.

Todo empezó tras una llamada y ante una oportunidad de colaboración, algo muy transaccional en mi trabajo: necesidad, servicio, negocio, y ya está. En este caso, el tema se dilató más de la cuenta, pero llegamos a cerrar una operación que a todas las partes nos venía bien. Este fue el disparador de una relación comercial que duró varios años donde desarrollamos actividad conjunta en varios países.

La verdad es que la conexión se produjo; no me pregunten por qué, pero había algo que me hacía moverme con alegría.

Por los avatares de la vida, finalmente tuve la oportunidad de desarrollar mis capacidades aquí y ser partícipe de la ilusión de una familia y un de director de crear una compañía global. Habían dibujado un sueño y yo era parte de delinear los primeros trazos en mi país. Y aquí comienza el viaje de mi vida, porque uno siente que está viajando cuando «turistea», cuando disfruta y ve que está cumpliendo un destino y dejando el camino que otros tendrán que recorrer.

El mundo me ha hecho desarrollar mis capacidades en muchos lugares, tanto laborales como personales, y sinceramente con un cierto peaje emocional, personal y laboral. Uno siempre ha visto el jardín del otro más verde que el suyo, y me creaba una frustración enorme, pero está demostrado que el ser humano tiene una mente que te hace ver cosas que solo ves tú. Pensaba en si este tránsito merecía la pena y, de repente, ves conectar las cosas de delante hacia atrás y empiezas a descubrir cómo las vivencias pasadas tienen cabida en este mundo. Parece que empiezas a amortizar la hipoteca que sacaste hace más de veinte años en un mundo depredador; has pagado muchos intereses, pero ahora todo tiene sentido y todo se conecta hacia un único fin.

Todo fluye y todo parece colocarse en su sitio. Se produce el *momentum*; esa situación que reúne a todos los astros para que las cosas ocurran. Eso es lo que ha sucedido en esta familia. Uno empieza a sacar las mejores capacidades que Dios le ha dado para desarrollar su trabajo, encaja con el equipo en todos los niveles, uno tiene sintonía estratégica, táctica, operativa y, sobre todo, humana.

La sintonía para mí es lo más importante, es la clave de poder ofrecer la mejor versión de un mismo. Y si encima cubre con creces esas creencias morales que uno tiene y que tantas veces le llevaron a no fluir, pues es la mana que cae del cielo. La exigencia, pero sin presión; la disciplina, pero sin mando; la profesionalidad, pero sin exigencias; la cooperación, pero sin forzar; la rentabilidad, pero sin examen; la independencia, pero sin control. En resumen: trabajo, pero sin ser obligación.

Todo esto resume lo que yo estoy viviendo. Esto no quiere decir que no suframos durante el camino y que no sea duro; claro que lo es. Pero, si se disfruta y se cuidan todos los aspectos de la vida, todo merece la pena. Y aquí merece mucho la pena.

La confianza

La raíz de las relaciones humanas radica en confiar y ser confiables; todo lo que nos aleje de este sentir nos alejará de nosotros mismos.

La confianza es una bailarina muy frágil, casi de cristal. Cuando damos pasos de baile bajo la música no podemos pisarla, la debemos acariciar, mimar y confiar en ella como dice la palabra; pero si por el contrario la pisamos, esta se rompe y será muy difícil reconstruirla.

La confianza la tenemos en cada acción que desarrollamos como personas. En una conversación debemos ser capaces de confiar en lo que la otra persona quiere decir y ser paciente en la escucha; en una competición debemos tener el sentimiento de confiar en nuestro compañero para llegar al objetivo que tenemos donde nosotros individualmente no somos capaces. En definitiva, podemos fomentar la confianza en alguien confiable para poder relacionarnos.

La confianza se alimenta de gente confiable. Si no hay gente confiable no la podremos ver crecer, ni en nosotros ni en los demás. La confiabilidad radica en la capacidad de cada uno de responder a lo que la acción lleva implícito, sin dejarse llevar por los egoísmos y deseos de cada uno. En cambio, este sentimiento busca el desarrollo colectivo más que el individual, el cumplir un objetivo marcado desde un proyecto; pero conlleva un esfuerzo por ambas partes. La pareja de baile tiene que estar comprometida en todos los movimientos, si no, se pisarán.

La confianza y la confiabilidad no llevan implícitos errores en los pasos de baile. Nadie está exento de fallar en los pasos, pero la gente confiable no incumple los pasos, sino que se compromete con ellos y los muestra en todo momento. Si en algún momento alguien oculta «pasos», la base de la confiabilidad se rompe. Es como cuando una persona no es clara en lo que hace en su vida: con sus salidas, con su celular, con su dinero, etc., dentro de una relación. Está cambiando los pasos de la vida en pareja y pisa a la bailarina.

La desconfianza aparece cuando uno de los bailarines nota que le han pisado y algo dentro hace sonar cristales rotos. No sabemos en qué parte de nuestra persona sonaron, pero comienzan a alterar los comportamientos.

La desconfianza se alimenta de uno mismo y crece de forma exponencial si no somos capaces de detenerla. Quizás no vuelva la confianza porque los cristales ya no ensamblan como antes, pero no debemos dejar que la desconfianza crezca en el interior de cada uno como una mala hierba, porque entonces nos costará poder bailar con alguien de nuevo.

La desconfianza no solo tiene un culpable. Los pasos de baile se suelen dar en pareja, en duplas, y si en algún momento se pisa y se rompe, quizás no solo debemos mirar al otro.

Nosotros podemos tener parte de culpa; no hemos creado el clima para que el baile sea sincero y comprometido.

La desconfianza aparece y desaparece la confianza, o la confianza desaparece y aparece la desconfianza. Son espejos y antagónicos para poder bailar. Pero ambas no pueden convivir en una relación humana; sería como «poner al zorro al cuidado de las gallinas». Una vez que aparece la desconfianza, es difícil que pueda desarrollarse la otra.

¿Cómo confiar en alguien? ¿Cómo lograr que alguien confíe en nosotros? Son preguntas que cada uno debe responder con el otro. Cuando hay desconfianza se nota, se percibe y se siente, y si esta aparece, debemos bailar otro baile o con otra pareja de baile.

La fuerza de voluntad

La mejor cualidad humana es aquella que te asegura todas las demás.

Todos tenemos ilusiones que queremos cumplir, hacer o tener; cosas que uno se dibuja en la mente y se marca un rumbo para conseguirlas. Muchas veces, no las tenemos en el ámbito de nuestra vida. Es más, en alguna ocasión exceden de las capacidades que tenemos, no solo personales, sino como entorno y colectivo donde vivimos. Es por eso que muchas las tachamos de quimeras. Las vemos tan lejanas que solo las ideamos en la mente, pero no las proyectamos. Lo que sucede es que una mañana ocurre un chispazo en ti y piensas «¿por qué no?», por qué no puedes trazar las líneas para conseguir esa ilusión.

Los mimbres para construir algo alrededor nuestro solo los tenemos nosotros. Somos los únicos que tenemos los utensilios para desarrollar algo que nos haga salir de la zona de confort en la cual vivimos, para caminar hacia algo que queremos. Por desgracia, vamos a tener que lidiar con el entorno, las envidias y los egos, que son muy nocivos y se alimentan de los fracasos de los otros para minimizar las incapacidades propias de crecimiento. Por eso, muchos nos dirán: «estás loco», «qué dices», «qué haces», «no lo vas a poder conseguir»… Mensajes que dañan nuestra ilusión; pero no los debemos escuchar, debemos implantar un «no me afecta» en nuestro cerebro.

Nuestra ilusión es nuestra; no es de nadie y nadie nos la puede quitar. Solo nosotros somos los dueños de nuestro destino y de nuestros logros.

En el trayecto hacia nuestra ilusión, vamos a tener más tropiezos que aciertos; pero ahí radica el aprendizaje para llegar a conseguirlo: dar la vuelta a los malos momentos para convertirlos en grandes esperanzas de éxito. Aquí vamos a tener que alimentar a una de las cualidades humanas por referencia y que más me gusta: la fuerza de voluntad. Para mí, esta capacidad es la más importante que podemos tener, porque por medio de ella nos asegura todas las demás: las que tenemos, las que buscamos y las que queremos mejorar. Es una piedra angular en la conducta humana. Si la alimentamos con ilusiones, con retos y con esfuerzo, nos va a recompensar siempre con creces y no seremos presos de nuestros miedos, sino de nuestras intenciones por conseguir algo.

Las ilusiones y los logros de las personas se fundamentan, en gran medida, por esa fuerza de voluntad que nos hace levantarnos cuando nos caemos. No le importa el número de veces que nuestro cuerpo impacte contra el suelo ni lo que la gente opine sobre los erráticos pasos persiguiendo un proyecto, porque siempre nos repone y nos levanta con la vista al frente en una idea fija: conseguir esa ilusión.

La fuerza de voluntad la podemos tener, pero también la podemos conseguir, entrenar, alimentar y activar dentro de nosotros. Solo tenemos que darle una orden al cerebro para que nos diga: «otra vez más», «otro apretón más», «no pasa nada», «siempre estoy avanzando».

Si ejercitamos esos pensamientos dentro de nosotros, estaremos activando la capacidad de levantarnos para seguir adelante sin importar el fracaso, y eso es la fuerza de voluntad. Un día nos daremos cuenta y no tendremos que darle ninguna orden al cerebro, porque ya estará viviendo con nosotros. Siempre tendremos la capacidad de mirar hacia delante y seguir con la ilusión de conseguir nuestros objetivos, nuestras metas, nuestro proyecto.

La libertad

Nadie es de nadie. Nadie puede hacer que seamos como ellos quieren que seamos; tenemos que ser como nosotros queremos ser.

Una de las cosas que todos buscamos siempre es gozar de una libertad de actuación. Es por ello que, ante una ofensa contra la sociedad, el castigo es privar de ese bien tan apreciado para reconducir a la persona.

Nuestra libertad empieza donde termina la libertad de la otra persona, por lo tanto, no se puede atentar contra todo lo que pueda dañar a otro. El comportamiento de cada uno de nosotros debe estar basado en un fundamento de integridad y cumplimiento de las reglas que nos rigen en la sociedad en la que vivimos.

Cuando nos saltamos esas reglas, podemos sufrir el peso de la ley en todo su esplendor, perdiendo nuestra libertad y coartando todos los proyectos que enriquecen las experiencias vivenciales con los nuestros. No existe más castigo que no poder llevar las riendas de nuestra vida. Lo que pasa es que el gozo sobre lo que buscamos está en muchos lugares. El cumplimiento de reglas es un peaje de la sociedad que todos debemos cumplir, pero nuestras vidas están marcadas por todas las decisiones que tomamos en cada acción que emprendemos. Muchas veces, esas acciones pueden estar maniatadas por ideologías, personas, presiones sociales, corrientes, coacciones emocionales y físicas y, lo más preocupante, por las manipulaciones que sufrimos por los que solo piensan en ellos. De esta forma, infringimos el mantra que nos hace personas. Mi libertad está delimitada por la de los demás, lógicamente (si no, no podríamos vivir en armonía), pero nunca influenciada por otros.

Siempre he pensado que todo el viaje que hacemos durante nuestra vida es para poder gozar de la toma de decisiones unilaterales y de desarrollar nuestra forma de pensar libremente. Aquí es donde tenemos que trabajarnos. No podemos dejarnos marcar por todo lo que nos rodea para conducir nuestras acciones, porque si no estaremos poniendo cadenas a la libertad en nuestro interior, llegando a una desazón constante.

Al final, todos queremos esa libertad y cuando no la podemos ejecutar se acumula en una sensación de rabia que necesita ser liberada de alguna forma. Muchas veces vemos que nos revelamos contra nosotros mismos por no revelarnos contra los que nos cortan las alas de la independencia.

Las cosas que nos ocurren en la vida tienen una identidad única; nadie las siente y las sufre como lo hacemos nosotros, no pueden rencarnarse en otras personas. Por eso, las decisiones que tomamos tienen un principio de soledad; solo dependen de nosotros mismos y no pueden estar alteradas por nada. La búsqueda de la independencia, sea en el ámbito que sea: de pensamiento, de comportamiento, de movimiento, etc. tiene una raíz en la capacidad de disfrutar una libertad que anhelamos.

La búsqueda de la libertad es el verdadero motor de un ser humano. No dejemos que nadie nos prive de poder tomar nuestras propias decisiones. Todas las tomamos en soledad y las debemos tomar en soledad, pero nada nos debe condicionar ese principio básico: «hacerlo en libertad».

La mentira

«Cada vez siento más la pesada
carga de mi responsabilidad».
(Julio César)

Muchas veces, sin darnos cuenta, somos actores en primera persona en una acción que no es fiel a los principios que uno pueda tener, pero que la vida, en alguna situación, nos obliga a transitar por ella, de alguna forma, como precursores o como sufridores. Eso no es otra cosa que la mentira; una jugadora complicada, pero muy complicada, si queremos ganar el partido de la confianza.

La mentira, normalmente, nace para ocultar o conseguir algo que no es bueno. Si fuera bueno, no haría falta engañar a nadie, eso está claro; pero muchas veces no nos damos cuenta y el subconsciente nos lleva a crear un conjunto de situaciones que se fundamentan en algo incierto. Quizá esta es la más benévola de las mentiras, porque la otra, la forzada, la articulada en un objetivo, es el cáncer de la sociedad para fomentar las relaciones humanas.

Si las relaciones las basamos en las mentiras, viviremos en una irrealidad, como en una vida paralela, llena de ilusiones que se derrumban como un castillo de arena ante cualquier situación que esté basada en la verdad. Lo que sí es cierto es que, las mentiras y el engaño, al final se descubren.

No podemos decirnos a nosotros mismos que no hemos compartido partido con esa jugadora, porque no seríamos justos; estaríamos cimentando una mentira sobre otra. Todos en alguna medida y en algunas situaciones jugueteamos con ella, pero debemos tener claro dónde está la raya, dónde es llamada con un fin que lucha contra la integridad de las personas.

Los cónsules romanos no podían cruzar el Rubicón al mando de sus legiones. Una acción así era entendida como una rebeldía sobre la soberanía de Roma y era visto como un ataque. ¿Dónde tenemos el Rubicón nosotros?, ¿dónde lo ponemos?, ¿más lejos o más cerca de la verdad de la persona? Está claro que si cruzamos ese río lo tenemos que hacer por donde su caudal es más liviano, donde no naveguen valores fundamentales de las personas y donde podamos ver al otro lado de la persona para saber si hacemos daño.

Muchas veces la mentira se viste de cosas pequeñas, de cosas intrascendentes del día a día; situaciones que no van a ningún lado de forma individual, pero que, de forma colectiva, denotarán una manera de actuar basada en la ocultación de algo, en el engaño para conseguir otra cosa. No olvidemos que, al final, el ser humano es un animal que en su interior busca la supervivencia de forma individual, y si para eso tiene que mentir, lo hará. Esa pequeña mentira es la que tenemos que evitar, la que tenemos que vencer en nuestro día a día; esa que nace del subconsciente y que siempre lleva una pesada carga sobre la que tenemos que trabajar. Porque si la «gran» mentira gobierna nuestra vida, poco podremos hacer. En ese punto, nuestra esencia está perdida, nuestros valores están en el fondo del Rubicón y las legiones han cruzado el río y marchan hacia la destrucción interior. Nuestra Roma está vencida. Es posible que no lo veamos ahora, pero caerá.

Pero no todo es así. El ser humano es bueno por naturaleza y el paso de los años nos ha visto evolucionar para desarrollar las capacidades y sobrevivir en la verdad. Solo desde la verdad podemos crecer y hacer crecer a otros. Es el único camino; es como la calzada romana que perdura siglos porque se fundamentó en lo correcto.

Llevemos a nuestras legiones a todos los frentes que necesitemos, pero nunca crucemos el Rubicón de la verdad.

La Navidad

Momento para estar con los nuestros. Nada puede alterar ese sentimiento. Demos un paso al frente y afrontemos el año con el corazón abierto.

Por muchos caminos que tengamos cada uno en nuestras vidas, siempre existen unas fechas que nos hacen unirnos y compartir un rato en familia. Son fechas señaladas en el calendario, no solo por celebrar la Navidad y el Año Nuevo, sino por sentir y tocar a los seres queridos. Da igual cómo ha transcurrido el año; al final siempre nos sentamos todos en la mesa y hablamos como si nos hubiéramos visto ayer. Pero, en muchas ocasiones, solo nos vemos en esas fechas. Por eso, este periodo es tan importante. Permite que unamos los lazos una vez más en torno al círculo familiar, el único círculo que siempre está ahí con nosotros dando igual lo que haya pasado.

Pero no todo es fácil, muchas veces el rencor producido, incluso dentro de una familia, hace que no nos juntemos todos, que existan bandos sobre lo que pasó; situaciones que, si las miramos desde la distancia, en la gran mayoría de las ocasiones, no tienen esencia para que nos neguemos la presencia en una cita tan especial. Por esto, debemos realizar una retrospectiva en nosotros mismos para poner en valor lo que realmente es importante para el círculo familiar por encima de lo que es importante para mí, que no es otra cosa que el orgullo.

Un día un amigo me dijo: «el orgullo está reñido con la inteligencia». Qué verdad tenía. Muchas veces nos ciega, nos hace perder la cordura y tomar decisiones que nos traen más problemas, por el propio hecho de no doblar el brazo. Y aquí competimos con uno de los más preciados tesoros del ser humano: la inteligencia. Por eso es inversamente proporcional al tamaño de nuestro ego en forma de orgullo.

«¡Entre tener razón y ser feliz, elijo ser feliz!»

Sobre esta frase tenemos que construir en Navidad: sobre la base de buscar la felicidad no solo interior, sino exterior; no solo personal, sino colectiva; en definitiva, ser capaces de vivir en armonía con nuestros seres queridos.

No nos enfrasquemos en las clásicas discusiones sobre la mesa por tener razón en algo que alguien ha dicho, que en muchos casos no nos importa ni nunca habríamos pensado en ello. Solo el hecho de que otro pueda demostrar que tiene razón nos hace entrar en conflicto para demostrar que los que la tenemos somos nosotros.

En fin, maldito ego que hace poner a jugar el orgullo por encima de nuestra inteligencia. Pero no siempre ocurre esto. El bien prevalece siempre sobre el mal, lo correcto sobre lo incorrecto, lo moral sobre lo inmoral, y en Navidad existe un sentimiento de cordialidad, generosidad y amor que embriaga todo. Por eso nos gustan tanto estas fechas. Esos sentimientos florecen sobre todas las cosas; son esas flores que relucen con el color de las luces navideñas, con la locura de los regalos, con el olor a castañas asadas, con el gentío que se agolpa en las calles, etc. La Navidad permite juntar a todos; da igual de dónde seamos y con quién estemos, porque lo que necesitamos en este periodo es compartir con alguien.

Demos rienda suelta a nuestra generosidad, dejemos aparcado el orgullo y el ego y festejemos la Navidad en compañía; porque son fechas especiales y la vida continuará mañana, pero hoy paramos el reloj por un momento.

La soledad

La soledad suele ser muy ruidosa y nos puede dejar sordos de corazón.

Nadie ha nacido para estar solo. Por mucho que nos hagamos los fuertes, el ser humano ha nacido para vivir en grupo. Las personas que hablan de que solo se está muy bien es que realmente no han conocido todavía las virtudes de vivir en compañía. Es una de las cualidades que nos hace ser mejor persona y tener sentimientos hacia los otros, porque nos libra del ego que cada uno tenemos.

Nos sumergimos en la soledad por dos razones: por tristeza por algo que sentimos y nos hacer ir a un lugar confuso o por egoísmo porque no queremos ceder nunca y nos gusta alimentar a nuestro ego personal.

Cuando la soledad nos inunda nos apagamos, no somos capaces de desarrollar las cualidades humanas en su máxima expresión y eso nos llena de oscuridad. Somos pasión por naturaleza, sentimos y hacemos sentir. Es por ello que, cuando nuestros proyectos de vida avanzan, necesitamos transmitir lo que hemos sentido y hemos conseguido. El hecho de no poder hacerlo con nadie nos entristece y fomenta la infelicidad.

Pero no siempre la soledad es mala, para ello tiene que estar limitada en el tiempo. Muchas veces nosotros mismos necesitamos estar solos para encontrarnos y para acoplar y digerir las cosas que nos pasan. Aunque somos sentimiento compartido, tenemos que aprender a compartirlo con uno mismo. Las personas con más capacidad para empatizar con gente y vivir en compañía son las que mejor asumen la soledad temporal. Lo que pasa es que la soledad, muchas veces, es forzada por la vida; porque no fluyes con tu pareja, porque no encuentras el grupo donde acoplarte, porque tu familiar está lejos, etc. Son complicaciones que nos llevan a sentarnos en la sala de pensar. En esa sala es donde pasan por tu vida los «perros negros», como decía Churchill; esos fantasmas que tenemos escondidos y que nos infunden miedo y temor por lo que será de nuestra vida, por cómo avanzaremos en el camino sin compañía y sin poder compartir. En esos instantes, para muchos de nosotros, todo es oscuro y cuesta tomar el camino, pero ahí es donde nos vamos a encontrar con nuestra esencia.

El ruido del silencio puede ser ensordecedor, pero tenemos que aprender a vivir con él. Si somos capaces de no escuchar el silencio y escucharnos solo a nosotros mismos, tendremos la capacidad de estar solos y entendernos, y eso nos hará crecer en el paso de la sala oscura. Pero no podemos estar mucho tiempo ahí; es solo de paso. Tenemos que salir y compartir, buscar compañeros de viaje en todos los sentidos, identificar con quién compartir vivencias, y aquí el abanico es muy amplio y lo podemos encontrar en el sitio menos pensado. Para ello, el movimiento es el vehículo que nos llevará a caer menos en la sala oscura. Cuanto más nos movemos interiormente, más indagamos; más jóvenes nos sentimos, menos caeremos. El sentirse joven por naturaleza hace que el ser humano se agrupe para sobrevivir.

Transitemos por la soledad rápido y siempre sacando conclusiones de cómo somos y cómo queremos ser.

La tristeza

En esta ocasión dejaré que otro saque a bailar a la tristeza; quizás no tengo el mejor oído para que mis pies se muevan a su compás.

Parece que la vida es un cúmulo de vivencias que hacen que la travesía sea fascinante; pero no todas son placenteras, sino que, en muchas ocasiones, se sufre con lo que estamos sintiendo. En este punto, a todos nos vienen traumas que nos evocan una tristeza en el interior, que nos quitan el aire y las fuerzas por levantarnos todos los días. Podemos decir que no es algo que tenga una raíz física, sino que puede ser mental; algo nos apaga por dentro y nos hace zambullirnos en la oscuridad total. El reflejo de esa oscuridad no es otra cosa que la tristeza, esa sensación dolorosa que nos aprieta el alma y el pecho y no nos deja respirar. En muchas ocasiones, incluso, es capaz de eliminar una de las primeras necesidades del ser humano como es el comer. El estómago se nos cierra como unas compuertas de una presa frenando la corriente de vida que nos hace falta. La tristeza se viste de muchas formas, es capaz de llevarnos a una situación de depresión profunda e incluso de producirnos un *shock* del cual es difícil salir. El ser humano es sentimiento y si ese atributo se ve mermado por la tristeza no somos capaces de sentir nada. Cuando nos inunda, nos sentimos vacíos y fracasados. El vacío suele venir por perder algo que queríamos y amábamos, algo que nos hacía vivir, y eso duele mucho, pero que mucho. En otras ocasiones, aparece por un fracaso, algo que no hemos hecho bien, y produce una reacción que nos lleva a algo doloroso, algo que sufrimos: una profunda tristeza.

Cuando la tristeza viene por un fracaso, no somos capaces de identificar dónde fue el inicio, el precursor de ese problema, pero lo que sí somos capaces es de sufrir las consecuencias. Ahora no es el momento de las lamentaciones, de los porqués, sino de salir y de reponerse.

Las personas en general tenemos muchos defectos, pero que muchos. Nunca sabremos el número finito de errores que cometemos, pero lo que sí somos capaces de hacer es salir de ellos; salir de un bucle negativo, de una pérdida. Por doloroso que sea, podemos salir. Salir es una capacidad que nace de uno mismo, pero tenemos que quererlo desde dentro; ese el quid de la cuestión. Tener ilusión por superarnos a nosotros mismos en la adversidad, en el problema y en el conflicto, nos hace salir más fuertes de las crisis. Pero la pregunta es: ¿cuánto aguanta una persona? Este es un enigma que difícilmente vamos a poder responder. Vemos personas que se ahogan en un vaso de agua y otras que son capaces de salir de problemas gravísimos. ¿Cuál sufre más? Pues, por mucho que queramos clasificarlos, no vamos a poder; eso va con el sentimiento de la persona, con lo que ellos perciban y cómo ellos lo canalizan. Es una cosa muy personal, imposible de dar respuesta por mucho queramos. No podemos dar solución ni dar una recomendación, solo escuchar y apoyar a la persona haciéndole partícipe de su sufrimiento. Solo en esos momentos nos sentiremos escuchados, queridos, sentidos, y quizás esa sea la luz que nos haga salir de la tristeza. Un simple guiño puede ser la clave para relanzar el vuelo con otros ojos.

Conectemos con la tristeza del otro y con la nuestra para saber cómo escuchar y escucharnos para salir de ella, porque siempre se sale.

Los grilletes del alma

En algún momento hemos podido pensar que no tenemos cargas en nuestras espaldas, pero no es así; todos tenemos algo por lo que perdonarnos y de lo que desprendernos.

Cuando cerramos los ojos vemos más allá de donde nos lleva la razón. Aparecen escenas a las que no podemos poner forma ni color ni sentido, solo son fogonazos que invaden el silencio en el cual nos sumimos cuando caminamos por el tránsito del juicio final de nuestros corazones. La razón queda difuminada por los fantasmas y los sueños oscuros que aparecen para alterarnos ante la falta de luz. Por mucho que pensemos por qué aparecen, no somos capaces de determinar el punto de inflexión; pero las imágenes suceden de forma precisa y veloz creando esas escenas que nos persiguen y aterran nuestro reposo.

Los sueños nos invaden y nos atormentan hasta llegar al colapso emocional que impide la fluidez. Las motivaciones nacen desde lo más profundo de uno mismo. Se suele decir que es una decisión unilateral, pero, en definitiva, es un conjunto de situaciones que hacen que recorran nuestro cuerpo generando una energía que tracciona nuestras conductas vivenciales. Ante esa falta de razón, se engendra un castigo personal que nos ciega. Las conductas humanas no nos dejan salir de ese silencio; es como si solo tuviera una dirección, y girar cuando la rueda está en movimiento se nos hace un mundo.

Todos tenemos nuestros silencios. Todos. Nadie está exento de un alma inquieta y confusa que te susurra en las noches hasta hacerte perder el control, hasta llegar al hartazgo de uno mismo y no poder mirarte al espejo porque no te reconoces. Todo es un profundo túnel oscuro, tenebroso, lleno de temores y de incertidumbres. Queremos salir del túnel, ver la luz al final como un resplandor que nos quite esa pesada carga que llevamos; nos aplasta contra el suelo y nos hace pequeños, seres insignificantes que se ahogan con la lluvia fina de la mañana. La impotencia corre por nuestras venas inundando todos nuestros órganos, vísceras, músculos... Entramos en una defunción emocional. Braceamos, gritamos, pateamos, pero no conseguimos salir del pozo. El miedo hace fluir la adrenalina como un torrente para sobrevivir, y ante ese chute de energía miramos hacia abajo y nos vemos hundidos, anclados por unos grilletes que nos atan a nuestros pasados, a nuestros pecados. Nos gritamos, pero no nos oímos; solo nos miramos con un rictus de miedo.

No lo sabíamos, pero los sentimos; eran pesados, no nos dejaban movernos, no nos dejaban descansar. El movimiento era casi nulo y siempre volvíamos al mismo sitio. Pero ahora lo hemos visto, lo hemos sentido. Teníamos una carga bajo nuestro ser que nos anclaba al vacío; unos grandes grilletes que llevan nuestro nombre. No podemos creerlo. Los grilletes están anclados a nuestro otro yo, ese que no perdona, que peca, que no es honesto, que no acepta las cosas, que impone, que no ama como la otra persona quiere que la ame, que es soberbio para imponer su ego, que, en definitiva, solo piensa en sí mismo sin importarle los demás.

Lo que uno no quiere para él es lo que uno es para los demás. Es un espejo que nos delata en la noche, que nos despierta y nos suplica que sanemos, que seamos honestos con nosotros mismos para perdonarnos y perdonar, para salir del pozo que nos tiene lastrados en el fondo.

La liberación de los grilletes solo la tendremos si nos miramos en la profundidad de uno mismo, al espejo del alma, pero desde la predisposición de un corazón abierto al perdón y a hacer el bien. Solo de esa forma encontraremos la llave para nuestros grilletes, para liberarnos de la pesada carga de nuestras almas; pero es una tarea difícil que, por mucho que lo digamos y lo veamos, no somos capaces de llevar a cabo. Estas acciones tienen vida y alma propia. Todos pensamos que los grilletes los tienen los demás, pero no nosotros. Siempre pensamos que es fácil encontrar la llave para deshacernos de ellos, pero al tener vida se desplazan en cada movimiento que hacemos. Es una lucha interior que tendremos que librar en el oscuro túnel; nosotros con nuestra soledad interior, mirándonos al espejo y creando una llave que abra la cerradura para que entre la luz y el perdón.

Momentum

No dejemos pasar los momentos que hacen parar el tiempo.

Seguramente me has escuchado varias veces hablar de esta palabra, sobre cómo tenemos que aprovechar y no dejar pasar ese momento especial. Y muchas pensarías: «¿qué es?» Bueno, incluso yo lo pienso, porque es algo que no puedes definir. Quizás tiene un componente etéreo o espiritual, pero la verdad es que existe y uno lo siente así.

Estoy seguro de que todos hemos sentido ese instante laboral, personal o lúdico donde parece que los astros se han reunido y están a nuestro lado. En ese preciso momento percibimos que debemos aprovechar lo que estamos haciendo, potenciando nuestras vivencias hasta límites insospechados, porque existe el clima para ello. En ocasiones lo relacionamos con el destino, incluso con algo místico que puede tener un componente de atracción a cosas que queremos. Cuando las personas potenciamos nuestras creencias, realmente ocurren cosas; esto es el efecto Pigmalión. No está claro que se pueda demostrar, pero lo que sí ocurre es que cuando estamos en racha positiva nos ocurren cosas buenas porque nuestras creencias apuntan a esa sensación. Sin embargo, cuando nos viene una racha negativa parece que las atraemos todas. Pues parecido ocurre con el *momentum* de los instantes; ese momento donde percibimos que algo fluye o está en tendencia positiva y no podemos dejarlo pasar. Debemos aferrarnos a él como algo fundido en el tiempo y explotar la situación.

En ocasiones este «tempo» que nos da la vida puede cambiarnos el paso de lo que teníamos pensado hacer, pero aquí tenemos que seguir ese instinto para tomarlo y dejarnos llevar.

Llevo tiempo notando ese *momentum* a nivel profesional. Lo percibo y no sé por qué canal lo hago, pero me inunda que ese instante haya llegado laboralmente. La empresa, las funciones, la evolución, la proyección, las personas, los responsables, los compañeros y mi estado de ánimo están en un mismo estrato, en una misma dimensión, y todo comienza a fluir de tal forma que parece que ves por unas lentes de realidad virtual.

Este instante no solo es producido por uno mismo. Para que se produzca, todos tienen que aportar: unos con sus acciones cargadas de empatía personal y laboral, otros renunciando a sus egos personales y nosotros mismos con una predisposición para que eso ocurra.

Cuando alguien está predispuesto para algo, sucede, tanto para bien como para mal. Muchas veces hemos visto gente que tiende al conflicto, a la discusión, a porfiar por todo lo que ocurre y, por Dios, ¡eso es horrible y cansino! Es capaz de arruinar cualquier momento. Sin embargo, cuando do alguien está abierto a que algo bueno ocurra, todo es fácil. Si lo analizamos, los grandes contratos siempre han nacido de la voluntad de dos personas a llegar a un acuerdo; si uno de ellos no quiere o no está dispuesto, nunca ocurre nada. Por eso, para poder disfrutar de ese instante que parece ancestral, debemos tener predisposición para hacer las cosas, para poner ilusión y para atraerlas en el instante que nosotros queramos con un aroma positivo. Si hacemos esto de forma recurrente, estoy convencido de que la vida nos irá mejor y aparecerán esos *momentum* que tendremos que aprovechar para ser más felices.

Otro año, pero no otro año más

No todos los años son iguales, ni todas las vidas son las mismas. Yo no quiero haber vivido otra vida, ni cumplir años que no me aporten esta vida.

Y aquí estoy: un hijo, un hermano, un esposo y un padre que acaba de cumplir, este año, cincuenta maravillosos años rodeado de la gente que quiere, pero que todavía se siente como un niño que se alegra y llora desconsoladamente todas las noches por las cosas que le pasan a él y a sus seres queridos.

En esta importante etapa no podía dejar de regalar a mi familia unas palabras de agradecimiento por el acompañamiento en el viaje de mi vida. Sin lugar a duda, nunca podría haber soñado que fuese tan placentero y enriquecedor. Siento que soy mejor persona por tener esta compañía y me llena de ilusión para poder afrontar la siguiente etapa. Una diferente, pero seguro que seguirá llenando mi vida como hasta ahora por medio de vosotros, mi familia. Amo y me siento amado por vosotros.

Amar y ser amado siempre nos da la posibilidad de encontrar las respuestas a las verdaderas preguntas de nuestra vida. Sin embargo, existen personas que nunca nos darán esas respuestas. No les demos la posibilidad de cambiar las preguntas y mantengamos ese amor por la gente que nos ama y nos da las respuestas que necesitamos.

Sergio, eres un ser especial, un ser que llenó de luz esta casa desde que llegaste. Tu sonrisa y tu alegría desenfrenada nos dan la chispa necesaria para seguir viviendo. Me enorgullece ver en lo que te has convertido; un hombre lleno de valores que te harán ser la persona que estás llamado a ser, una persona con un carisma especial que brillará donde vaya. Me encanta verte hacer deporte, verte jugar al pádel, jugar contigo, le pese a quien le pese. Disfrutar contigo… eso no lo quiero perder nunca. Siempre estaré a tu lado para todo y te apoyaré de forma incondicional. Como te he dicho muchas veces, si pudiera ser niño otra vez, me gustaría ser como tú.

Alba, mi Albita, la primera persona que brotó de mi ser como un ángel que iluminó mi vida. Te has convertido en una mujer excepcional que siempre me da soporte cuando estoy mal; el apoyo de una hija que sobrepasa las expectativas de un padre. Gracias. Añoro hacer deporte juntos, pero la vida lleva su curso y no podemos cambiarla. Sin embargo, nos ha dado la posibilidad de poder hablar, pensar y hacer negocios juntos, algo que me llena de satisfacción. Es la extensión mejorada de este padre, encarnado en una mujer maravillosa. Sigue así; eres ilusión, luz y amor.

Sergio, Alba, sois lo más importante que una persona puede hacer en su vida. Sois una proyección de uno mismo con identidad propia, la extensión de una persona que perdurará otros cincuenta años más. No cambiéis nunca, seguid unidos y haciendo el bien a las personas, pero nunca os dejéis avasallar. Tened claro los tres pilares de la vida: conocimiento, integridad y libertad.

Y Sara, mi reposo, mi apoyo en esta vida dinámica que llevo y que puede llegarte a ahogar en determinados momentos. Nunca fue mi intención; mi intensidad es proporcional al amor que siento por ti. He tenido la gran suerte de tenerte siempre cerca de mí con esa sonrisa pura y sincera que me ha hecho estar protegido de todo, un reposo para mi pesada carga, pero que me ha hecho ser mejor persona. Por todo ello, no puedo estar más agradecido por estar a mi lado y darme esos hijos tan maravillosos que tenemos. Por eso tenemos que luchar siempre y no dejar que otras cosas nos permitan cambiar las preguntas más importantes de nuestras vidas, que nuestros hijos nos responden cada día y no responderán siempre.

Desde que aparecisteis en mi vida supe que no querría despertarme nunca lejos de vosotros. Por todo esto, os quiero dar las gracias por convivir con un hombre tan intenso.

OS AMO.

Hijo, hermano, padre y esposo.

Por todo y por nada

**Cuando las cosas se sienten
de verdad ocurren sin que nos
demos cuenta.**

Por tus ojos azules que irradian paz,
por tu piel cálida como la brisa del mar,
por tu sonrisa inocente que inunda la sala.
      Te quiero, por todo y por nada, por nada y por todo.
Por tu apoyo incosteable ante todas mis locuras,
por la calma que me transmites en los momentos malos,
por cómo me miras cuando me dices todo sin decir nada.
      Te quiero, por todo y por nada, por nada y por todo.
Por disfrutar las cosas como si fueran las últimas,
por tu ingenuidad ante las cosas complejas,
por tu fuerza de voluntad para sacar todo adelante.
      Te quiero, por todo y por nada, por nada y por todo.
Por cómo me acaricias cuando más lo necesito,
por cómo cuidas a nuestros hijos con todo tu amor,
por estar siempre ahí como la vida que nos une.
      Te quiero, por todo y por nada, por nada y por todo.

Mi luz

He crecido como persona, hijo, hermano, pareja y padre bajo el manto de un cielo estrellado que me ha proporcionado seguridad y felicidad. Nunca hubiera visto ese cielo por mis propios ojos; tú me hiciste verlo por medio de los tuyos.

MI MUJER, MI ALMA, MI CORAZÓN, MI CONSUE-LO, MI REPOSO, MI LUZ, MI AMOR, MI FUTURO, MI EQUIPO, MI FAMILIA, MI COMPAÑERA, MI VE-JEZ, MI PAZ, MI SER.

Siento que hemos pasado por una travesía por el desierto en estos últimos meses que nos ha llevado a estar separados, incluso ambos hemos visto que la química no estaba encendida. Pero el momento vivido pone en situación que la vida estaba hecha para convivir y unir nuestras vidas hasta el fin de nuestra luz, aunque no lo veamos ahora.

Quiero morir junto a ti, junto a tu calor, junto a tu ternura, junto a tu dulzura, junto a tu cuerpo; que mi vida se funda con tu alma cuando ya no tenga vida, cuando solo tengamos el aura de lo que vivimos, creamos y amamos. La vida no tiene sentido si te pierdo y no llego a la vejez contigo, por eso el corazón grita al ver la opción de perderte, de compartirte. Grita en la oscuridad como un niño en la noche, donde solo siento temor.

Pido perdón si en algún momento he podido herir ese corazón y esa luz que proyectas. Si lo hice, no fue intencionado, fue fruto de una velocidad por vivir que no tiene freno y control. Siento que te hayas sentido sola. Tan solo la palabra soledad dentro de un equipo me hiela la sangre por haberse producido. Ojalá pudiese ir para atrás y acompañarte en esos momentos que has sufrido. Me siento un necio por no haberlo visto.

Veo el precipicio de una vida y no quiero caerme; el vértigo me pinza el estómago y me hace vagar por el abismo. Quiero olvidar lo sentido y lo ocurrido. No quiero caerme, quiero saltar al otro lado y continuar con nuestra vida. La herida la tendremos que sanar y curar, como equipo. Quiero pensar que todo pasará, pero de momento el desierto es duro y sediento para mí.

Respiro por medio de un corazón que late en tu pecho, miro por unos ojos que están en tu cara, pero por desgracia escucho por unas orejas de burro que tengo. Me las pusieron o me las puse, pero está claro que las tengo; no escuchan como deben escuchar, como necesitas que te escuchen. Prometo que voy a cambiar esas orejas de burro por unos oídos donde pueda escuchar el latido de tu corazón y el ruido de tu mente.

Me gustaría que vivieras bajo la sombra de mi corazón, pero con luz propia; que compartieras tus vivencias con mi cabeza, pero con tu criterio; que disfrutaras conmigo, pero con lo que te gusta. En definitiva, me gustaría que proyectáramos la vida juntos, pero si tú quieres.

La vida me ha puesto en un lugar tenebroso. No sé si era necesario o no, lo que sí creo es que una chispa se encendió en el alma y ha quemado lo existente produciendo un dolor enorme, como si fuera el nacimiento de un hijo. Por eso, quiero verlo como un renacer, para crear un proyecto más robusto. Es una prueba de vida que tengo que superar. Siempre luché por las cosas que quiero con mucho sufrimiento y no voy a dejar de luchar por esta.

Creemos en nosotros, en la conexión que se fraguó hace casi treinta años en un campamento de verano, tras una mirada limpia y nerviosa sabiendo que algo se había encendido. Cómo se forjó esa necesidad de hablarnos por las tardes, esperando esa llamada telefónica sin saber qué estaba pasando, solo que la necesitábamos ambos. Ese amor se fusionó en una ilusión y en una pareja que ha crecido haciendo mejor a cada uno de nosotros. Somos otros, somos mejores, mayores, hemos creado una familia y unos hijos que son maravillosos y nos demuestran en cada momento que son un regalo divino que Dios nos puso en la vida. Me moriría si en algún momento les pudiera hacer daño, ensuciar su frescura por vivir y disfrutar; ellos son la creación más grande que una persona puede hacer y lo más maravilloso que hemos hecho. Conservemos esa milla extra de vida que ellos nos proporcionan.

MI MUJER, MI ALMA, MI CORAZÓN, MI CONSUELO, MI REPOSO, MI LUZ, MI AMOR, MI FUTURO, MI EQUIPO, MI FAMILIA, MI COMPAÑERA, MI VEJEZ, MI PAZ, MI SER.

Te he querido, te quiero y te querré hasta que mi vida no sea vida.

Conscientes o inconscientes

Nunca hubiera pensado que mi zona de confort fuese otra que la que me había creado yo mismo. Pero, si experimentamos otros sitios, siempre nos obligamos a dar un paso más.

Cuando sentados en la arena vemos el baile de las olas acariciando la arena cristalina, pensamos que todo es un sentir de las cosas. Los pensamientos invaden nuestro ser. Somos razonamiento: por hábito, por creencias, por estrés o por no saber discernir cuándo debemos pensar y cuándo no. Y aquí es donde entramos en duda sobre lo que nos puede y nos debe marcar el devenir de nuestros sentimientos.

Estamos regidos y gobernados por tres corazones, tres motores que hacen que nos movamos en el viaje que cada uno tiene en la vida. Uno es la mente: esa que nos hace tomar todas las decisiones, la que nos marca la capacidad motora para caminar, hablar, pensar… y para sufrir. El otro son los sentimientos: esas vibraciones que nos hacen fluir en varias direcciones. No tienen un rumbo fijo; solo se dejan llevar en un baile acompasado, como las olas al llegar a la tierra. Y el último es el estómago: ese que conecta los otros dos, que pone en valor lo sucedido en la mente y en el sentimiento, que nos da un pinchazo cuando algo no va bien, que nos genera mariposas cuando algo nos mueve, que se nos cierra cuando algo duele mucho. En definitiva, es la respuesta física a los otros dos corazones, que son más etéreos.

Ahora la pregunta es: ¿cuál de estos tres corazones nos gobierna realmente? ¿Debe primar uno antes que otro? Gran pregunta, complicada respuesta y aún más difícil encontrar la correcta. ¿Pero existe la correcta?

Todos tenemos un aprendizaje, unas vivencias que han balanceado la carga hacia uno de los tres corazones. Podríamos decir hacia dos, porque el estómago es un reflejo de los sentimientos verdaderos, pero es tan importante que, alguna vez, camina solo e imposibilita el movimiento acompasado. ¿Y qué hacer con las vivencias? Son las que son y ya las tenemos en el *background* de nuestro ser. Son hábitos adquiridos que en momentos de debilidad nos empujan hacia el corazón predominante. No las podemos obviar, son nuestras, pero quizás sí las podemos gestionar, entrenar e incluso olvidar. En este punto, todos debemos transitar por los caminos tortuosos de la vida, problemas que nos afloran en cada paso que damos, cosas que nos llegan y con las que tenemos que convivir; tanto gobernadas por un mundo razonal, como por un mundo sentimental. Da igual, porque todas están en nuestras vidas.

Pensar que solo podemos vivir marcados por un foco en el sentimiento es una quimera que nos hace engañarlos y nos lleva a vivir en una burbuja. Pero pensar que solo tenemos que vivir desde la razón, nos hace esclavos de nuestros pensamientos, creando sentimientos que no son los que hacen que nuestro estómago conecte.

El trabajo personal está en entender los tres corazones, gestionarlos y trabajarse en ellos, en conseguir herramientas que nos hagan transitar por los problemas con un foco en nosotros; darnos tiempo a sentir y vivir dentro del mundo veloz que vivimos.

Salir de la zona de confort nos debe mantener vivos en el viaje que todos emprendemos al nacer. ¿Pero quién sale realmente?, ¿el racional que solo está marcado por su pensamiento y da un paso hacia su ser o el sentimental que solo piensa en lo que siente y acepta que con el pensamiento vivimos? Creo que todos salen de su confort. El solo intentar, comprender y aceptar hace que algo se remueva dentro de cada uno de nosotros. Quizás es el éxito al cual debemos llegar. Conseguir que, cada vez que salimos a experimentar cosas nuevas, algo nos haga ponernos en una situación diferente y nos permita crecer hacia algo menos conocido por nosotros mismos. Trabajar la consciencia en uno mismo nos hace llegar a estas reflexiones, de eso está claro. El no ser capaz de profundizar y el no analizar el mundo desde varios prismas nos puede hacer estrechos.

Todos sabemos que vivencias anchas nos llevarán a mentes anchas, vivencias profundas nos llevarán a mentes profundas. En definitiva, sentimientos profundos y sinceros nos llevarán a ser personas auténticas que canalizan el sufrimiento por mantener la calma de los tres corazones.

Mente limpia, sentimientos vivos y estómago en conexión.

Gracias, Alberto, por hacerme ver que mi vida, entendiéndola, puede mejorar en pequeños pasos hacia algo más puro.

Mantengamos el baile de las olas en nuestros corazones.

Nuestro icono

Al mirar hacia arriba siempre divisamos una silueta que nos hacer abordar las cosas de una forma diferente.

No sé qué será de nosotros, nadie lo sabe. Cuando salimos al mundo, parece que tenemos claro dónde vamos. Pero, muchas veces, el camino se va haciendo al andar, como decían esos versos de Machado, y según vamos avanzando por esos rugosos senderos vemos muchas más cosas de las que nunca hubiéramos imaginado, y nos hacen dudar de todo. Los recorridos cambian, aunque nunca han sufrido variación en nuestro más profundo pensamiento; por eso, nos resistimos a mover el rumbo que hemos fijado. Pero debemos cambiar el paso para poder sobrellevar las injerencias de la vida que acechan hambrientas a nuestro ser con la intención de devorar nuestros sueños.

Como lobos, buscamos salidas a nuestros más profundos miedos, siempre pensando que llegaremos al lugar que dibujamos hace años. Aunque por esas injerencias se nos hayan difuminado las siluetas que fijamos, la tinta con las que estaban tatuadas se escapa por el sumidero de la ilusión.

En esa búsqueda incansable del camino, al mirar arriba, siempre buscando respuestas, aparecen dos gotas a lo lejos que nos salen a socorrer; son dos océanos terrenales que nos miran profundamente y hacen que todo se refleje en ellos para encontrar el destino a nuestro viaje. Por medio de ese reflejo vamos completando nuestro fin en estos caminos ásperos que transitamos. El azul nos hechiza y nos embriaga para darnos el confort y el poder de ver mucho más allá de lo que nuestros ojos son capaces de vislumbrar. Es una prolongación de lo que todos queremos ser; son dos ojos encendidos que nos iluminan para ver el trayecto que tenemos que seguir. Aquí tenemos que creer; si no creemos nos alejaremos de esos cenotes que la naturaleza nos pone para reflejarnos. Tenemos que dejarnos ir y sentir que esa luz tiene que recorrer nuestro cuerpo para conectar la energía en nosotros. Al acercarnos, observamos que los cenotes están dando forma a dos pétalos de rosa, redondos y aterciopelados, con ciertas manchas en forma de pecas que hacen que el color sea tan delicado que transmita las ganas de acariciarlos e incluso llevárselos a los labios para sentir su suavidad y dulzura. Es una orquesta sinfónica de movimiento; el viento hace que los pétalos muevan las gotas infinitas en un mar que acompaña al caminante dándole una calidez que nunca había percibido. Y ahí sentimos la caricia más suave y cálida que hemos podido gozar en nuestra vida. Nadie en la faz de la tierra puede sentir como lo hacemos ahora nosotros. Es un baile de sensaciones y colores que nos permite emprender un nuevo viaje lleno de alegría y sin ningún temor. Ni el frío de la noche nos puede hacer perder el trazado. Una luciérnaga nos acompaña con sus pasos de baile y al compás de su movimiento hace brillar su cuerpo como un *flash* para que ninguno de los errantes viajeros nos perdamos.

Desde el cielo se divisa esa hermosa escena y responde a los avatares del sinuoso camino por medio de algo maravilloso. Un arco lleno de colores se refleja en los dos azules cenotes para formar una hermosa figura que nos iluminará todo en la vida: la sonrisa. Desde ese momento, nuestro camino estará siempre protegido por un conjunto de milagros de la naturaleza que se han reunido en una sola forma. Es una sola persona, como un icono que nos conecta y nos hace ser las personas más felices del mundo.

Todos tenemos un icono que nos sigue desde lo más alto sin que nosotros lo sepamos. Aparece cuando menos lo esperas y de la forma más natural posible. Solo tenemos que mirar hacia arriba con ojos sinceros, corazón abierto y predisposición para el amor, y ese icono siempre nos responderá iluminando nuestro camino.

Idiotas

Para esa persona maravillosa que es capaz de custodiar su castillo con una entereza que nos embriaga, que pone una sonrisa a todas las cosas que pasan en su vida. Esa persona no es otra que mi prima Mapi, porque no hay nadie más fuerte que ella, que se pone su castillo por bandera.

Un día pasé a ver a mi prima, que está algo malita, y la verdad es que me ha hecho reflexionar sobre lo idiotas que somos en muchos aspectos. Hacemos un mundo de cosas que no tienen sentido, estupideces que cuando las sufrimos creemos que es al acabose de nuestras vidas y nuestra existencia. ¡Qué tontos somos! Yo el primero, eh.

Alguien del trabajo nos comenta que lo que hemos presentado no lo ve bien y nos creamos un drama que nos hace palpitar la úlcera que no tenemos y que al final tendremos si no cuidamos estas cosas. Empezamos a entrar en un bucle infinito pensando que todo tiene un significado y que es una estrategia judeo-masónica para torpedearnos. ¿Realmente pensáis que esto es así? Yo creo que no. Es cierto que, en ocasiones, puede haber malas intenciones, pero el verdadero problema es el impacto que le damos a las cosas. Tenemos un problema en casa —quizás tengo un enfrentamiento con mi pareja, con mis hijos, etc.— y lo elevamos a la máxima potencia pensando que vivimos en una tensión constante. *Naaaa*, seguramente es solo un roce que es debido a la convivencia, pero ni esto impacta en nuestras relaciones ni en el amor de los nuestros. Es solo que hacemos un mundo de algo insignificante.

Esto son dos ejemplos, pero dejo que pongáis vosotros los vuestros. Estoy seguro de que tenéis muchos más, en infinitos aspectos y situaciones, que para uno son súper importantes y para otros, desde fuera, no es más que una anécdota.

¿Realmente pensamos lo que es importante?, porque yo creo que no. Caminamos por la vida como si fuéramos el ombligo del mundo ante estas situaciones banales que no nos llevan a ningún sitio, solo a potenciar el ser perverso y egoísta que todos anidamos dentro. Sin embargo, cuando vemos sufrir a un ser querido por lo que realmente es importante, que no es otra cosa que la vida, nos damos cuenta de lo idiotas que somos. Si el Nobel se diese sobre la estupidez, no habría premios para todos.

El momento se hace duro, muy duro, y nos pone de manifiesto las cosas que son transcendentales en nuestra existencia y en nuestra felicidad. Lo vivimos como espectadores, pero en un abrir y cerrar de ojos nos convertimos en actores principales de la peor película que podríamos ver. Cuando llega ese momento, esa losa que nos cae en las espaldas de una forma inesperada nos aplasta contra el suelo y le da la vuelta a una cosa tan sencilla como es vivir la vida en cada momento. Ese peso nos hace poner en valor lo más importante: compartir con nuestros seres queridos cada momento, instante, risa, llanto, disputa, cada soplo de vida, cada experiencia… Aquí ya no cuenta lo que tenemos, el trabajo que desarrollamos, el dinero que amasamos, las ofensas que hemos recibido; solo queremos estar con los nuestros.

Idiotas fuimos, idiotas somos y, como no prestemos atención a las cosas realmente importantes, idiotas seremos.

Me causa una enorme admiración la lucha física y mental que personas como mi prima ponen en acción en el escenario para que los idiotas como yo abramos los ojos desde la platea y contemplemos una obra maestra digna del Óscar a la superación. Nunca podré describir la valentía con la que afrontan el asedio que los «malotes» hacen contra su castillo. Levantan empalizadas para repelerlos por medio de grandes sonrisas, excavan grandes fosos para hacerlos caer en lo más profundo de la tierra y que no vuelvan a tener la desfachatez de atacar a través de una positivad infinita, lanzan tinajas de aceite hirviendo para quemarlos y que sus intentos de trepar por las paredes de su cuerpo queden hechos cenizas con el coraje por seguir. Ni el mismísimo Castillo de Harlech, en Gales, podría narrar una épica como la que mi prima va a lidiar y conseguir.

Prima, tú vencerás a los «malotes» y los borrarás de la faz de tu cuerpo para que nunca piensen en conquistar tu castillo. En ese castillo, tu castillo, el Castillo Pedroso, será donde todos nosotros buscaremos refugio de la verdad más grande que nos has hecho ver: que somos idiotas.

GRACIAS, prima.

El mundo se equivoca

**Cuando algo sale a la luz,
vemos por qué ha costado
tanto y por qué es tan bonito
para todos los que lo sienten.
Son cosas que brillan desde
todos los rincones.**

*Estoy, porque algo me dice que tengo que estar.
Siento, porque el agua recorre mi cuerpo.
Me conecto, porque necesito estar navegando.*

El viaje es una travesía que despliega todas sus velas al sentir el aire en nuestros rostros; nos recorre la cara con una sutileza que acaricia nuestras almas descubriendo una sonrisa oculta que quiere salir. La brisa sortea las velas moldeando las curvas de tu cuerpo, dejando a la vista la naturalidad de tu persona y la bondad de los versos que describen tus palabras al hablar. Nos envuelven y nos rodean, nos hacen sentir relajados, tranquilos, seguros, atrapados en un sueño profundo y distinto que agita sus alas y se eleva hasta divisar el océano. Nos estiramos, pero no nos tocamos; nos acercamos, pero nos detenemos; nos decimos cosas, pero no nos hablamos; nos miramos, pero no nos escuchan; queremos, pero no podemos, y por eso nos alejamos para siempre volver a encontrarnos.

Estoy, porque no existe otro lugar donde ir para mí.
Siento, porque solo somos sentimientos.
Me conecto, porque la electricidad pasa sin darnos cuenta.

El recuerdo es el aroma que sentimos en la cercanía. La fragancia propia de cada uno de nosotros nos traslada a una playa dibujada por los trazos de ese loco pintor atrapado en su corazón; pinceladas de arena blanca bajo tu mirada y acuarelas cristalinas en las intenciones. Divisamos la isla en el cenit de la caída del sol. Parece que estamos llegando, pero al final del día todo se oculta sin hacer tierra y comienza otra vez al amanecer. Nos sentimos atrapados en los miedos de ese capitán de barco que no encuentra la forma de unir fuerzas con su contramaestre para surcar el mar que existe entre ellos y el mundo donde vivimos.

Estoy, porque ya sé dónde tengo que quedarme.
Siento, porque nace y vive en mí.
Me conecto, porque existe conexión en todo lo que hacemos.

Las mareas nos dan la mano para recorrer el camino entre cada uno de nosotros, toman el timón y nos dirigen bajo los vientos alisios con un único objetivo, que es conquistar una tierra que no conocíamos; que siempre estaba, pero no veíamos.

Pero, qué difícil es la vida de marino. Trazamos líneas en el mapa para llegar a nuestro tesoro, pero las corrientes impuestas son más fuertes que el baile de las mareas, y nos hacen cambiar de rumbo para seguir buscando dentro de nosotros el escondido tesoro.

Cabezones

Quiero que mi cabeza sea gorda como el amor que siento hacia mis hijos; quiero ser un cabezón durante toda mi vida.

Cuando nos enamoramos, nuestro corazón se desdobla para que lo tenga la otra persona. Es como si una parte de nosotros, que habita en nuestro interior, viajase por el espacio para instalarse en el de nuestro avatar, y la otra persona hace lo mismo con nosotros. Es un baile de sentimientos que pasan de uno a otro a la velocidad de la luz. Y cuando eso ocurre y los corazones se juntan, la luz se forma en una pareja que funciona como una sola forma de vivir.

En cambio, cuando nacen nuestros hijos, el sentimiento es otro. Parte de nosotros está con ellos, parte de nuestro corazón se fracciona para sentir lo que ellos sienten; se hace un *split* de lo que tenemos para que sea suyo, porque viviremos para ellos. Ya nada nos importará más que su bienestar, nada nos perturbará más que su sufrimiento, porque ellos habitarán en nosotros para toda la vida.

Sabemos que solo tenemos un corazón físico, pero eso no es así cuando se pone a funcionar. En ese instante, se multiplica por las energías que los que queremos nos infunden. Por él pasan ríos de sentimientos teñidos por el rojo pasión. Entran por un sitio, los procesamos, los sufrimos, los agradecemos, y salen por el otro lado dispuestos a volver a sentir el frescor de su sabor. Es el círculo de la vida que nada puede parar.

Hay personas que tienen hecho su corazón de trocitos de todos sus seres queridos, y esa unión les hace ser espectaculares. En muchos casos, los llamamos «cabezones», pero solo es porque su corazón es más grande que su cabeza. Son esos seres que, bajo su pesada cabeza, sufren, se ríen, ayudan, apoyan, se entregan, discuten, regañan… con una pasión infinita por las personas que habitan en su pecho. En muchos casos, incluso, adoptan su forma para poder fusionarse y ser uno mismo ante muchas situaciones. Esa es la razón por la que nuestros hijos nos llaman «cabezones»; pero no es porque nos pongamos pesados con sus cosas, sino porque nuestra cabeza está cargada de sentimientos y es tan grande que casi siempre se ladea al lado equivocado de la decisión que nuestros hijos quieren. ¿Os suena esto? Seguro que sí. Pero, incluso así, es maravilloso ese movimiento de cabezas, porque todos en una familia, con amigos de verdad o con otros seres queridos las tienen pesadas. Todos tienen parte de los otros en las suyas, por eso es tan gratificante ver a una familia caminando junta bajo el baile de sus «pesados» corazones.

Ahora me toca ver partir durante un tiempo a un trocito de mi corazón para buscar nuevas experiencias, nuevas formas de vivir, de sentir, de luchar y de adaptarse a la vida. Tenemos que arriesgarnos en hacer cosas que nos saquen de nuestras comodidades, aunque nos lleven un esfuerzo, y estar preparados para el instante que nuestro viaje nos ponga a prueba. Esto le hará hacer la gimnasia adecuada en su aprendizaje, y ella está en el momento de hacerlo.

Mis trocitos de corazón son lo más grande que me ha dado el mundo. Tenerlos siempre de la mano me da tranquilidad y seguridad en mí mismo, me inspiran esa paz interior de pensar que siempre habitarán en mí, da igual lo que pase, lo que vivamos, lo que discutamos... porque nunca se van a separar de mí.

Mi cabeza siempre estará ladeada por el peso de sus corazones que laten dentro del mío.

Guillermo Lillo